일재一齋 이항李恒의
사상·학문·이론에 관한
새로운 시각들

일재一齋 이항李恒의
사상·학문·이론에 관한
새로운 시각들

초판1쇄 발행 2014년 12월 26일

지은이 김익두 외   **펴낸이** 홍종화
편집주간 박호원
편집·디자인 오경희·조정화·오성현·신나래
           정고은·김선아·이효진
관리 박정대·최기엽
펴낸곳 민속원   **출판등록** 제317-2007-55호
주소 서울 마포구 대흥동 337-25   **전화** 02) 804-3320, 805-3320, 806-3320(代)   **팩스** 02) 802-3346
이메일 minsok1@chollian.net, minsokwon@naver.com
홈페이지 www.minsokwon.com

ISBN 978-89-97916-44-3   93100

ⓒ 김익두 외, 2014
ⓒ 문예원, 2014, Printed in Seoul, Korea

저작권법에 의해 한국 내에서 보호를 받는 저작물이므로 무단전재와 복제를 금합니다.
이 책 내용의 전부 또는 일부를 이용하려면 반드시 저작권자와 문예원의 서면동의를 받아야 합니다.

책 값은 뒤표지에 있습니다.
잘못된 책은 바꾸어 드립니다.

일재 이항의 사상·학문·이론에 관한 새로운 시각들

김익두 외

문예원

축사

김생기 　정읍시장

　일재一齋 이항李恒 선생은 우리 정읍이 낳은 위대한 사상가·학자·문인 중의 한 분이십니다. 이미 세상과 학계에 널리 알려진 바와 같이, 우리 정읍에서는 위대한 사상가들이 많이 나고 활동한 곳입니다. 그 중에 대표적인 분들을 들자면, 남북국시대 말기에 이곳 정읍에 와서 우리나라 풍류사상風流思想의 씨앗을 뿌리신 고운 최치원 선생, 조선시대 초기 세종 때 태어나 이곳에서 문신·학자·시인·사회운동가로 살다 가신 조선조 유학적 풍류사상風流思想 실천가 불우헌不憂軒 정극인丁克仁 선생, 조선 중기에 이곳 칠보산 산자락에서 학문을 연마하시어 '이기일물설理氣一物說'이라고 하는 위대한 사상을 내놓으신 일재 이항 선생, 그리고 동학東學 사상의 한계를 극복하기 위해 동학의 '인내천人乃天' 사상을 새로운 세계적 융합의 지평에서 재창조하여, '해원解冤·상생相生·대동大同'이라는 위대한 사상의 지평을 열어놓은 증산甑山 강일순姜一淳 선생 등이 그러한 대표적인 분들입니다. 이 세 분을 우리는 정읍이 낳은 3대 사상가적 인물이라 할 수 있을 것입니다.

　이 중에서도 일재 이항은, 서양 사상사에 비유하자면, 스승 플라톤의 지나친 명목주의를 비판하고 나온 실체론자이자 그의 제자인 아리스토텔레스와 비슷한 위치에 있는, 우리 정읍사상사의 중시조에 해당하는 분이라고 할 수 있겠습니다.

이러한 위대한 사상가의 사상을 기리 전승하고 오늘날의 관점에서 새로 되살리기 위해, 우리 정읍시에서는 2012년부터 해마다 '일재 이항 학술대회'를 개최해 오고 있습니다. 이러한 학술사업의 일환으로 이번에도 우리 정읍시에서는, 일재 이항 선생의 위대한 사상・학문・이론을 새롭게 재조명하는 학술대회를 열어, 소기의 상과를 거두고 성황리에 마친 바 있습니다.

이러한 학술사업의 최종 결과를 보완 수정하여, 이번에 한 권의 도서로 발간하고자 합니다. 아무쪼록, 이 작은 책자가 우리 정읍 시민을 비롯한 여러 강호 제현님들의 깊고 폭넓은 사고력의 발전과 학문적 자아 성찰의 계기가 되시기를 바랍니다.

끝으로, 이번 학술대회와 도서 발간 사업에 심혈을 기울여주신 정읍문화원 정창환 원장, (사)민족문화연구소 소장 김익두 교수의 많은 노고에 깊은 삼사의 말씀을 드립니다.

2014년 갑오년 12월 19일

머리말

김익두　(사)민족문화연구소장

호남 성리학의 조종祖宗이시자 한국 사상사의 '아리스토텔레스'이신 일재一齋 이항李恒 선생의 탄생 516주년을 맞이하여, 선생의 학문과 사상의 창조적 특성과 가능성들을 널리 새롭게 드러내어 기리기 위해, 지난 여름 ≪제2회 일재一齋 이항李恒 전국 학술대회 : 일재一齋 선생의 사상·학문·이론에 관한 새로운 시각들≫을 개최하였습니다.

2012년에 개최된 ≪제1회 일재一齋 이항李恒 전국 학술대회 : 호남의 큰 학자 일재一齋 이항李恒의 학문과 사상≫에서는 일재一齋선생의 학문과 사상에 관해 전반적인 조명을 하여, 그 결과를 『호남의 큰 학자 일재一齋 이항李恒 연구』라는 학술서로 발간함으로써, 어느 정도 획기적인 학문적 성과를 거둔 바 있습니다.

이번 학술대회는, '일재—齋 선생의 사상·학문·이론에 관한 새로운 시각들'을 찾아 봄으로써, 선생의 학문과 사상에 관한 기존의 언급과 평가들에 관해서 신중한 반성을 해보고, 새로운 관점과 방향에서의 조명을 시도하는 학술대회로 개최하였습니다.

그 결과물들을 정리 보완하고 하나의 책자로 묶어, 세상에 내놓고자 합니다.

이에 관심이 있으신 강호 독자 제현들의 일차 열람을 바라오며, 이번 학술대회에 큰 도움을 주신 정읍시 김생기 시장님, 일재 선생 유족회, 본 학술대회에 참여해주신 여러 학자님들, 그 외에 도움을 주신 많은 분들께 깊은 감사의 말씀을 드립니다.

2014년 12월 19일
제2회 일재—齋 이항李恒 전국 학술대회 준비위원장

차례

축사   4
머리말   6

제1부 일재一齋 이항李恒의 사상

* 문학 사상

호남문학 사상사에 있어서의 일재一齋 이항李恒의 위상과 의의
: 시가문학사를 중심으로 ‖ 김익두

1. 서언 : 문제제기 13
2. 호남문학사의 역사적 전개와 문학사상 14
3. 호남문학 사상사 맥락에서 본 일재 이항 사상의 위상·가치·의의 21
4. 결어 34
- ■ 논평 - 유화수 37

* 성리학性理學 사상

일재一齋의 학문과 사상에 대한 퇴계 이황의 평가
: '성리설性理說'을 중심으로 ‖ 최영성

1. 머리말 39
2. 일재에 대한 후학들의 평가 41
3. 기대승과의 리기논변 46
4. 퇴계 이황의 비판 51
5. 맺음말 70
- ■ 논평 - 이형성 74

제2부 일재一齋 이항李恒의 학문

* 학문적 위상

일재一齋 이항李恒의 학문적 위상 확립과정과 남고서원南皐書院 ‖ 이선아

1. 머리말   79
2. 『일재집』 편찬(1673)과 남고서원 사액(1685)   82
3. 이항에 대한 증시와 '호남오현' 문묘배향 추진   93
4. 남고서원 중건과 『남고서원지』 편찬   101
5. 맺음말   109
- 논평 정학섭   113

제3부 일재一齋 이항李恒의 이론

* 이기일물理氣一物 이론

일재一齋 이항李恒의 '일체일물一體一物' 논증 분석 ‖ 김범수

1. 실마리   119
2. 이와 기 덩어리   121
3. 한 몸 한 물건   130
4. 맺음말   139
- 논평 이형성   141

찾아보기   145

제1부

일재一齋 이항李恒의 사상

호남문학 사상사에 있어서의 일재一齋 이항李恒의 위상과 의의 ‖ 김익두
* 논평 유화수
일재一齋의 학문과 사상에 대한 퇴계 이황의 평가 ‖ 최영성
* 논평 이형성

호남문학 사상사에 있어서의 일재一齋 이항李恒의 위상과 의의
: 시가문학사를 중심으로

김익두
전북대학교 교수

1. 서언 : 문제제기

필자는, 호남 사상사의 주요 맥락을, 원형으로서의 무교사상(천지인天地人 합일슴一 사상), 무교사상의 개방적 재창조 사상으로서의 고운孤雲 최치원崔致遠의 풍류사상風流思想, 풍류사상의 유학적 재창조 사상으로서의 일재一齋 이항李恒의 '이기일물설理氣一物說', '이기일물설'의 근대적 계승 사상으로서의 동학東學 수운水雲 최제우崔濟愚의 '인내천人乃天' 사상 및 해월海月 최시형崔時亨의 '향아위설向我位說', 민족사상의 강에서 세계사상의 바다에로 나아간 증산甑山 강일순姜一淳의 '해원解寃·상생相生·대동大同' 사상 등으로 거론한 바 있다.[1]

---

1 김익두, 「정읍사상의 전통과 그 역사적 전개에 관한 시론」, 『정읍학』 창간호, 정읍학연구회, 2014, 11~13쪽.

이러한 필자의 견해를 전제로 해서 보자면, 일재 이항의 사상은 남북국시대 말기 통일신라 쪽의 위대한 사상가 고운 최치원의 '풍류사상'을 유학적인 입장에서 자주적으로 재창조 하여, 우리의 근대 사상가인 수운 최재우, 해월 최시형, 증산 강일순 등에게 계승해준 위대한 사상가이다.

 본고에서는, 이러한 일재 이항의 사상사적 위상과 가치 및 의의를 '호남문학'의 장에서 살펴보고자 한다.

 이를 위해서는, '호남문학' 및 '호남문학 사상사'가 어떻게 전개되어 왔는가를 살펴보고, 그 맥락 속에서 일재 이항의 사상사적 위상을 밝혀보는 방향으로 논의를 전개할 필요가 있다.

2. 호남문학사의 역사적 전개와 문학사상

 호남문학사를 시가사를 중심으로 집약해 보면, 우리는 다음과 같은 주요 맥락을 파악할 수 있다.

 먼저, 가장 오래된 원형적 형태로서의 호남 세습무 무가를 상정할 수 있다. 이것은 역사적으로 보면 원시 부족국가시대에 상응하며, 그 역사적 증거로는 중국 한나라시대 진수陳壽가 쓴『삼국지三國志』위서魏書 동이전東夷傳 '마한조馬韓條'의 기록들과 상응한다. 이 기록에 보면, 무당으로서의 '천군天君', 그가 노래하고 춤추는 신성 장소로서의 '소도蘇塗'가 나오고, 이 시기 마한조의 기록에는 "사람들이 씨뿌리고 거둘 때에 집단적으로 함께 모여, 춤추고 노래하고 술을 마시며, 연일 잔치가 끊이지 않았다"는 구절이 나온다. 이 마한 50여 개 소국가 중에 '초산도비리국楚山塗卑離國'과 '고비리국古卑離國'은 각각 정읍의 옛 지명인 '초산楚山'과 현 정읍시 고부면인 '고부古阜'로 비정되고 있다.

이 원시부족국가시대의 시가는 샤먼의 무가, 집단적인 공동체 사회의 소박한 민요가 중요한 사가문학詩歌文學의 원형으로 나타난다. 따라서, 이 시대의 중심 문학사상은 '무교사상巫敎思想' 곧 샤머니즘 사상이라 할 수 있다.

삼국시대에 오면, 주요 사가로서의 백제 정읍의 「정읍사井邑詞」, 고창의 「방등산가方等山歌」, 「선운산가仙雲山歌」, 광주의 「무등산가無等山歌」 등이 나타난다. 이 시기 이런 시가들 중에 유일하게 남아 있는 현전 시가는 「정읍사井邑詞」인데, 이 시가에 담긴 사상적 기미는 분명하게 부각되어 나타나지 않으며, 소박한 서민적 그리움의 정서만이 두드러져 있고, '저자' '즌데' 등의 말들이 암시하는 전통적 시장중심의 상업문화, 그와 관련된 유흥문화 등이 암시되고 있다. 이를 통해서 시장중심의 흥청거리는 '집단적인 신명'의 문화와 이러한 신명을 뒷받침하는 '풍류문화', '장돌뱅이' 이미지를 중심으로 암시되고 있는 유목적 혹은 상업적 순례의 느낌도 암시되고 있다. 따라서, 이 시대의 중심 문학사상은 전통 농업사회와 상업사회가 조화롭게 융합된 전통적 군장 중심 사회의 소박한 '풍류사상'이라고 생각할 수 있을 듯하다.

이어서, 남북국시대에 오면 호남지방은 이른바 통일신라 지역에 복속된 상태에서, 경주중심의 귀족문화가 시대의 중심에 자리잡고 있었기 때문에, 호남지방에서는 이렇다할 독자적인 시가문학詩歌文學이 형성되지 못한 것같다. 그러나, 이 시기의 문학사에서 중요시할 것은, 이 시대 말기 곧 남북국시대 말기에, 고운孤雲 최치원崔致遠이 나타났다는 사실이다. 그런데, 그는 경주중심의 신라 귀족문화에는 동화되기 어려웠으며, 당나라에서 돌아온 시기는 이미 통일신라가 기울어지는 시기여서, 미관 말직으로 전국을 떠돌다가 가야산에서 사라졌다고 전한다.

그의 이러한 편력 과정에, 그는 태산 - 지금의 정읍시 칠보면, 태인면, 북면 일대 - 태수를 지내면서 이곳에서 한 때 유유자적한 삶을 영위한 적이 있고, 이 시기 그와 관련된 유적으로 '유상곡수流觴曲水' 유적이 현 정읍시 칠보면 시산리 - '고현내古縣內' - 에 전해지고 있다. 이것은 바로 그의 '풍류도風流道'를 웅변적으로 암시하는 것이다. 그는 이곳에 그가 파악해낸 우리나라 고유의 새로운 개방적 사상인 '풍류도風流道/풍월도風月道'를 퍼뜨렸고, 이것은 그 후, 이곳에서 살며 우리나라 최초의 가사문학歌辭文學 작품인 「상춘곡賞春曲」을 지은 불우헌不憂軒 정극인丁克仁의 '풍류사상'으로 계승된다. 따라서, 이 시기 호남문학의 중심 사상은 역시 '풍류사상風流思想'이라고 볼 수 있겠다.

고려시대에 들어오면, 문화의 중심이 개성·평양 등 한반도의 이북 쪽으로 기울어지고, 태조 완건 시절부터 이른바 '훈요십조訓要十條'의 '제8훈'에 있는, "차령과 금강 이남은 지리적 형세가 배역의 자세를 취하고 있으므로, 그 지방 사람들의 인성 또한 그러할 것인 즉, 그들을 조정에 참여케 하거나 왕실과 혼인을 하게 하지 말라"는 조항이, 국가의 기강 수립에 중요한 조항으로 작동하여, 호남지방의 문화예술은 그다지 큰 빛을 보지 못한 것으로 보인다.

이에 따라, 호남지방의 문학과 문학사상도 뚜렷하게 발현되지 못하고 말았다. 그러나, 이러한 현실의 밑바닥 혹은 배면背面으로는, 통일신라 말기에 이 지역에 고운 최치원이 뿌려놓은 '풍류사상'이 면면히 흐르고 그 흐름이 융융해져서, 마침내 조선시대 초기에 불우헌 정극인의 「상춘곡賞春曲」 등의 '풍류사상'으로 되살아나게 되는 것이다.

그런데, 한 가지 이 시대의 대표적인 주요 시가문학 작품인 「청산별곡青山別曲」은 아마도 호남지방에서 형성된 시가문학, 특히 호남지방의 토속민요였던 것으로 추측해 볼 수 있다. 그 근거는 이 작품에 나오는 "가다가 가다가 본다. 예정지 가다가 본다"라는 구절에 나오는 '예정지'이다. 이 말을 '예 정지' 곧 '옛날의 정지'로 본다면, 이 말의 '정지'는 오늘날의 부엌을 지칭하는 말이다. 그런데, 이 '정지'라는 말은 한반도 남부 특히 호남지방에서 '부엌'을 지칭하는 말로 가장 널리 일상화된 단어이다.[2]

그렇다면, 이 시가는 호남지방에서 이루어진 시가라고 할 수 있겠는데, 이 시가에 나타난 중심 사상은 '허무주의' 어떤 면에서는 '민중적 허무주의' 사상이라 할 수 있다. 이러한 면모는 아마도, 이 시대가 호남지방 주민들에게 가져다준 '주변인'의 멍에가 야기한 시대적 특수성으로 보이기도 한다.

이 어두운 시기를 지나, 조선시대에 들어오면, 이제 호남지방에서는 우리 시가문학의 가장 찬란한 꽃들이 백화난만百花爛漫하게 피어나기 시작한다. 우선, 조선 태종 원년(1401)에 태어난 불

---

[2] 이러한 추론은 언어학적인 관점에서 좀 더 본격적으로 논의될 필요가 있다고 본다.

우헌不憂軒 정극인丁克仁은 현 정읍시 칠보면 무성리에 살면서 최초의 가사문학 작품「상춘곡賞春曲」을 지었고, 성종 24년(1493)에 태어난 면앙정俛仰亭 송순宋純은 불우헌 정극인의 문학적 전통을 이어받아 전남 담양에서 중종 19년(1524)에 사사문학 작품「면앙정가俛仰亭歌」를 지었고, 그의 제자 송강松江 정철鄭澈(중종 31년 1536~선조 26년 1593)은 스승 면앙정의 문학적 계보 속에서 그의 4대 가사문학 작품인「사미인곡思美人曲」·「속미인곡續美人曲」·「관동별곡關東別曲」·「성산별곡星山別曲」을 지었다. 이에 이어, 인근 지역 출신 기봉岐峯 백광홍白光弘은 명종 10년(1555)에 기행가사「관서별곡關西別曲」을 지었다. 한편, 중종 5년(1510)에 태어난 하서河西 김인후金麟厚는 한 때 순창에 살며 시조「절로가」를 지었다. 하서의 순창 우거 시절에는 송강 정철이 이곳에 와서 그에게 학문을 배우기도 하였다.

이 시대에 이르러, 그야말로, '풍류사상風流思想' 문학의 시대가 열리게 된 것이다. 이 시기를 사상사적으로 지배하는 사상은 바로, 현 정읍시 북면 분동리에 우거하던 일재一齋 이항李恒의 '이기일물설理氣一物說'이라고 하는 성리학 사상이다. 이에 관해서는, 다음 장에서 좀 더 구체적으로 논의하겠다.

조선시대가 끝나고, 새로운 시대가 열릴 무렵, 호남지방에서는, 영남지방에서 싹이 튼 '동학사상東學思想'을 수용하여 정읍지역을 중심으로 하여 '동학혁명'을 일으켰는데, 이 시기는 새로운 시대를 준비하는 변혁기였기 때문에, 이러한 새로운 사상을 근간으로 하는 문학작품이 많이 나오지는 않았다. 그러나, 이 시대에 '동학가사東學歌辭'와 '남학가사南學歌辭'가 보여준 사상, 특히

'남학가사'가 보여준 사상적 비전은 동학사상을 넘어, 좀 더 새로운 지향성을 보여주었다는 점에서, 우리의 주목을 요한다.

즉, '동학가사'가 추구한 '인내천人乃天' 사상은 부족국가시대부터 전승되어온 천지인합일天地人合一의 '무교사상巫敎思想'이, 남북국시대의 '풍류사상風流思想' 및 조선시대의 성리학 '이기일물설理氣一物說' 사상을 거쳐, 근현대라는 새로운 시대를 만나, 다시 한 번 창조적으로 변이된 것이며, '남학사상南學思想'은 동학사상이 지향한 바 '서학에 대한 새로운 비전 제시'라고 하는 지향성을 좀 더 발전시켜, 이른바 '중학 지향성' 곧 서학에서 북학으로, 북학에서, 동학으로, 그리고 동학에서 다시 중학에로의 종합이라고 하는 새로운 패러다임 지향으로 심화 확대되어 갔던 것이다.[3]

이처럼, 동학과 남학은 거의 같은 시기에 발흥하였어도, 그 사상적 지향성 면에서는 상당한 차이를 보이며 전개되었고, 그 현실적 탄압 또한 거의 같은 방식으로 받게 되었다. 그리고, 동학이 영남의 구미 금오산에서 시작되어, 호남지방의 정읍을 중심으로 혁명화 되었고, 남학은 전북 진안을 중심으로 발흥하여 전국적인 확산을 도모하다가, 동학과 거의 같은 시기에 같은 탄압을 받게 되었다. 그 사상적 차이는 앞에서 이미 간략히 언급한 바 있다.

동학사상東學思想이 호남지방에서 혁명화 되어, 우리나라 전국

---

[3] 김익두 외, 『남학가사 연구』, 서울: 문예원, 2014, 26~37쪽 참조. 이 책에는, 지금까지 밝혀지지 않았던 남학가사 20여 편이 주해와 함께 실려 있고, 이 작품들을 통해서 우리는 남학사상의 면모를 구체적으로 확인할 수 있다.

의 자주적 근대화를 이룩하는 데 성공하였다면, 남학사상南學思想은 그러한 우리의 사상을 좀 더 세계적인 지평에서 논의하고자 하고, 좀 더 개방적인 지향성을 가지고 있다는 점에서, 높이 평가해야할 사상이다.

동학사상과 남학사상이 활발하게 전개되고, 이러한 사상을 근거로 하는 근대화 혁명이 요원의 불길처럼 타오른 뒤, 이 두 혁명적 사상은 우리나라 '사상의 근대화'라는 혁명적 과제를 완수한 다음, 현실의 전면에서 극도로 약화되어 갔다.

그러나, 호남지방의 문학과 문학사상사는 여기서 멈추지 않고, 좀 더 새로운 문학사상에로의 지향성을 보여주게 되었는데, 그것이 바로 정읍에서 태어나 주로 정읍·김제를 주요 활동지역으로 하여 사상운동을 전개한 증산甑山 강일순姜一淳의 사상이다.

그의 사상의 핵심 정수는 이른바 '해원解寃·상생相生·대동大同' 사상이다. 이러한 사상사적 모색은 동학혁명 및 남학혁명의 현실적 실패로 인한 우리 사상사의 '공황기'를 극복할 수 있게 해준 매우 탁월하고도 혁신적인 사상이었다. 이 사상은 이 사상이 탄생 전개될 당시에는 문학사 속에 구체적으로 강하게 반영되지 못하였다. 그것은 이 당시를 지배한 일본 제국주의 때문이었다. 그러나, 그 일제 강점기가 끝나고 새로운 해방의 시대에 접어들자, 노겸勞謙 김지하 시인과 같은 매우 탁월한 문학가가 나와, 증산 강일순의 사상을 그의 사상적 기반으로 하는 문학작품들을 다수 생산하게 되었다.

3. 호남문학 사상사 맥락에서 본 일재一齋 이항李恒 사상의 위상·가치·의의

1) 주요 문인들과의 연관 계보

일재 이항(연산군 5, 1499~선조 9, 1576)은 조선 중기의 성리학자로, 그와 관련된 문학가들과의 관계를 살펴보면 다음과 같은 계보 도표가 만들어진다.

---
① 불우헌 정극인(태종 원년, 1401~성종 12년, 1481)

---
② 면앙정 송순(성종 24년, 1493~선조 15년, 1582) - ③ 일재 이항(연산군 5년, 1499~선조 9년, 1576) - ④하서 김인후(중종 5년, 1510~명종 15년, 1560)

---
⑤ 기봉 백광홍(중종 17년, 1522~명종 11년, 1556) - ⑥ 고봉 기대승(중종 22년, 1527~선조 5년, 1572) - ⑦ 송강 정철(중종 31년, 1536~선조 26년, 1593) - ⑧ 건재 김천일(중종 32년, 1537~선조 26년, 1593)

이상의 계보 도표를 중심으로 이 8명 사이의 연관 관계를 정리해 보면 다음과 같다.

첫째, ①과 ②의 직접적인 관계는 파악되지 않으나, 가사문학 작품의 계승 면에서 서로 연관되어지며, 지역적으로 담양과 정

읍 칠보 사이는 그다지 멀지 않다.[4]

둘째, ①과 ②는 지역적으로 같은 지역에서 오랫동안 거주하였다. 즉, ①이 주로 거주하다 서거한 지역인 정읍 칠보 '고현내'와 ②가 오랫동안 거주하다 서거한 정읍 북면 '분동' 사이는 직선 거리로 5~7km 정도밖에 되지 않는다. 즉, 두 사람이 거주한 지역은 문화적 전통을 공유한 지역이다. 이 지역은 '태인문화권'이다. 앞으로 좀 더 자세한 연관 관계 탐구가 필요하다.

셋째, ②와 ③의 관계는 앞으로 좀 더 조사 탐구할 필요가 있다.

넷째, ③과 ④는 친 사돈간이다. 즉, ①의 딸이 ④의 아들과 결혼을 하였다. ③은 전북 정읍시 북면/칠보/태인에 거주하였고, ④는 그 인근 지역인 전남 장성에 거주하였다. 뿐만 아니라, ④는 ③이 살던 곳에서 그리 멀지않은 순창 복흥에서 제자들을 가르치며 유유자적한 생활을 하기도 하였다. 이 때에 ⑦은 ④가 거주하던 순창 복흥의 '훈몽재訓蒙齋'에 와서 ④에게 학문을 사사 받기도 하였다. 훈몽재 앞의 바위에는 이 당시 ⑦이 새겼다고 하는 '대학大學'이란 글자가 새겨져 있다.

다섯째, ⑤는 ③의 제자였으며, ④·⑥·⑦ 및 율곡栗谷 이이李珥·신잠申潛 등과도 교유하였다.

여섯째, ⑥은 ⑧과 함께 나주가 고향이다. ③·④와 성리학을 논의하였고, 퇴계 이황과 8년 동안에 걸쳐 '사칠논변四七論辨'을 벌였다. 이황의 '이기이원론理氣二元論'에 반대하면서 "사단칠정이 모두 다 정情이다"라고 하는 주정설主情說을 주장했다. 이황

---

[4] 앞으로 ①과 ②의 상관관계에 관해서도 좀 더 자세한 조사가 이루어져야할 것으로 보인다.

의 '이기호발설理氣互發說'을 수정하여 '정발이동기감설情發理動氣感說'을 강조하였다. 또한 '이약기강설理弱氣强說'을 주장하여 주기설主氣說을 제창함으로써 퇴계 이황의 주리설主理說과 맞섰다. 그러나, 그의 사상은 궁극적으로는 율곡 이이와 퇴계 이황의 이기설理氣說 곧 형이상학적이고 명목론적인 이기설을 극복하지는 못한 것으로 보인다. 서양철학에 비교하자면, 아리스토텔레스의 '실질론'에 이르지 못하고 플라톤의 '명목론' 곧 '이데아론'에 머무른 한계가 있다고 판단된다.

일곱째, ⑦은 ②의 제자이자 ④의 제자이기도 하다. ⑦이 담양에 10년 동안 머물 때에 ②에게서 사사하였으며, ②의 영향을 받아 4대 가사를 지었다. ⑦이 ④의 제자이기도 한 사실은 순창 복흥의 '훈몽재訓蒙齋' 관련한 논의에서 이미 언급한 바 있다.

여덟째, ⑧은 ③의 수제자이다. 그의 문집『건재집健齋集』이 남아 전한다. 앞으로, 이에 대한 좀 더 구체적인 검토와 연구가 필요하다. ⑧은 임진왜란에 의병장으로 활약하다가 진주성에서 전사하였다.

2) 일재一齋 이항李恒의 사상적 특징

일재 이항은, 사상은 호남사상의 근원적 원천인 천인합일의 '무교사상', 그것의 개방적 재창조 사상이자 새로운 천인합일 사상인 고운 최치원의 '풍류도' 사상의 맥락을 창조적으로 계승하여, 유명한 '이기일물설理氣一物說'을 창안해 낸다.

일재一齋의 이러한 사상의 특징은 고봉高峯 기대승奇大升에게 보낸 그의 다음과 같은 편지에 아주 분명하게 나타나 있다.

① 「기명언 대승에게 줌與奇明彦大升」

또 역易에서도 '태극太極이 양의兩儀를 낳는다.'라고 했으니 대개 양의가 아직 생기기도 전에 양의가 어디에 있었으며, 양의가 이미 생긴 후에는 태극의 이理가 또한 어디에 있겠습니까? 이러한 이면裏面에서 깊이 생각하고 밝게 분변한다면 거의 이기理氣가 혼연한 일물一物임을 알게 될 것입니다.

내가 생각하건대, 태극이 아직 양의를 낳지 않았을 즈음에, 양의는 진실로 태극의 범위 내에 존재하지만, 태극이 이미 양의를 낳은 후에는 태극의 이理가 또한 양의 속에 존재합니다. 그렇다면, 양의가 아직 생기지 않는 것과 이미 생긴 것은 원래 태극에서 떨어지지 않은 것입니다. 만약 서로 떨어졌다면 물物이 없습니다. 아! 도를 아는 자가 아니면 누가 알 수 있겠습니까? 내가 이른바 '서로 떨어지면 물이 없다相離則無物'라는 다섯 글자를 평범하게 보시지 말기를 바랍니다.

또한 천天과 인人이 일리一理이니, 사람의 지각知覺·운동運動과 강强·약弱·청淸·탁濁의 기氣가 한 몸에 충만한 것과 같은 것은 음양의 기氣이고, 또 인·의·예·지 따위가 기氣 속에 갖추어져 있는 것은 태극의 이理입니다. 그렇다면, 이理와 기氣가 한 몸 안에 있으니, 이물二物이라고 말할 수 있겠습니까? 일체一體가 됩니까? 그렇지 않으면 이체二體가 됩니까? 다시 정밀하게 체인體認하는 것이 옳습니다. 그대가 또한 일찍이 나에게 "형이상자形而上者는 도道가 되고 형이하자形而下者는 기器가 되니, 그렇다면 태극과 음양은 일체라고 말할 수 없다."라고 하셨으니, 대개 도道와 기器는 비록 상하의 나뉨이 있으나, 태극과 양의는 정밀함과 거침이 원활하게 융통하고 끝이 없어 일체가 되는 것입니다.

담재湛齋[5]도 여기에 익숙하여 도기道器의 상하를 이물二物로 삼고 있으니 한탄스럽습니다. 정자程子가 "박식博識은 완물상지玩物喪志이다."라고 했습니다. 널리 많은 책을 보는 것은 그만두시고, 거경居敬하고 궁리窮理하며 묵묵히 생각하여 스스로 터득해서 성性을 높이고 함양하는 공이 오래되면, 이와 기가 비록 두 가지 모습인 것 같으나 혼연한 일물의 체가 되는 것을 자연히 터득할 것입니다.[6]

② 「이기설理氣說」

음양은 소장消長이 있는데 이理는 그렇지 않아 서로 합한 듯 음양 속에 있더라도 청탁으로 명암을 삼지 않고 소장으로 손익을 삼지 않으며 혼원渾圓하고 혼동混同의 모습으로 만고토록 바뀌지 않는다. 그러므로, 주자가 음양에 섞이지 않는다고 하였으니, 이기理氣가 서로 떨어져서 섞이지 않는다는 말이 아니다. 그렇기 때문에 주자가 또 음양에 떨어지지 않는다고 한 것이니, 여기에서 이기理氣는 항상 떨어지지 않고 또 섞이지 않는다는 것을 알 수 있다. 한 글자를 바꿈으로 해서 이기理氣가 분명해지고 하나를 이루니(누락), 지극하도

---

5 하서(河西) 김인후(金麟厚, 1510, 중종 5~1560, 명종 15)의 호. 김인후는 일재 이항의 친 사돈. 일재의 딸이 하서의 큰아들에게 시집갔음.
6 이항, 권오영 옮김, 「기명언 대승에게 줌(與奇明彦大升)」, 『국역 일재선생 문집』, 일재선생국역추진위원회, 2002, 40~41쪽.

다! 말씀이여, 도를 아는 자가 아니면 누가 알 수 있겠는가?[7]

위의 두 글 중 ①~②의 요체를 정리하면 다음과 같다.

첫째, 태극太極이 양의兩儀 곧 음양陰陽을 낳는다. 즉, 양의가 생기기 이전에는 양의는 없다.

둘째, 태극이 양의를 낳은 후에는 이기理氣는 양의 속에 포함되기 때문에 인지적 레벨에서는 직접적으로 감지할 수 없다. 즉, 이기理氣는 구체적인 물체物體로는 보이지도 들리지도 않는다.

셋째, 다라서, 양의가 생긴 이후에는, 곧 물체가 생긴 이후에는 이기理氣는 두 가지가 하나의 혼연한 '일물一物' 곧 사물로 존재하게 된다.

넷째, 그런데, 양의가 생기지 않은 상태의 태극太極 상태와 양의가 생긴 상태는 원래의 태극 상태에서 분리된 것이 아니다. 즉, 본연의 태극 상태와 물체가 이루어진 양의 상태는 서로 분리될 수 없는 불가분의 관계에 있다. 즉, 물체 상태는 물체 이전의 태극 상태와 본질적으로 '합일合一' 되어 있다.

다섯째, 양의 곧 음양陰陽의 기氣와 태극의 이理는 하나의 몸 곧 하나의 물체 안에 존재한다.

여섯째, 도道와 기器 곧 본질과 물체는 형이상학과 형이하학의 구분을 할 수는 있다. 그러나, 음양과 이기는 하나의 물체 상태로만 존재하고 지각·인지할 수 있다.

일곱째, 이기理氣는 항상 떨어지지도 않고 또 섞이지도 않으면

---

7 「이기설(理氣說)」, 앞의 책, 63쪽.

서, 하나의 물체 속에서만 구체적으로 존재할 수 있다.

여덟째, 천지인天地人은 음양陰陽과 이기理氣에 의해 하나의 이치로 통해 있다.

이상의 이론을 검토해 보면, 여기에는 기존 호남사상의 기반인 무교사상의 '물아일체物我一體 사상' 곧 '천지인합일天地人合一 사상'이 일재 이항 사상의 근저에도 그 토대로 놓여 있음을 알 수 있다. 그러면서, 일재의 사상은 이 '물아일체 사상'을 이기론 및 태극론에 의해서 좀 더 확장 심화 하여, 더 높은 사상적 지평에로 이끌어 올리고 있음을 알 수 있다. 즉, 기존의 '물아일체 사상'을 일재 이항식으로 풀어 보면 다음과 같이 될 것이다.

첫째, 자아我와 타자物는 태극론식으로 보자면 양의兩儀, 즉 음양陰陽/사물事物이다.

둘째, 사물/물아物我는, 태극太極/무극無極과 일체가 되어 있기 때문에, 태극/무극과 분리될 수 없다. 이데아와 실질은 분리될 수 없다.

셋째, 사물/물아는 본질적으로 태극/무극을 토대로 하기 때문에 그것과 하나로 '일체화'될 수 있다.[8]

이러한 분석과 해석이 가능하다면, 우리는 일재 이항 사상의 역사적 계보와 그 사상사적 위상을 다음과 같이 정리할 수 있다. 즉, 호남사상의 근원은 무속사상의 '천지인 합일사상'이다. 이것을 고운 최치원이 동아시아적 차원에서 유불선儒佛仙 사상과

---

8 이러한 해석적 논의는 이 분야의 전문 학자들에 의해서 좀 더 심도 있게 논의될 필요가 있다. 본고는 그러한 본격적 전문적 논의의 동기가 되고자 한다.

융합하였다. 이것을 불우헌 정극인이 계승·예술화 하였다. 일재 이항이 이것을 다시 동아시아 유학적 지평에서 재해석하여, 플라톤적 명목론 사상인 성리학의 '이기설理氣說'을 아리스토텔레스적 실질론 사상인 '이기일물설理氣一物說' 사상으로 구체화 하였다. 이 점이야말로, 일재 이항이 호남사상사 나아가 우리 민족 사상사에 기여한 '위대한' 업적이라고 판단된다.

3) 일재—齋 사상이 호남문학에 미친 영향

앞장에서 종합해본 바와 같이, 일재 이항의 사상은 우리민족이 수천 년 동안 전개해온 '천지인 합일' 사상을 유교의 성리학적 지평에서 독창적으로 재창조한 것이라고 말할 수 있다. 이 사상을 일재 이항식으로 구체화 하자면 그것은 '물아일체物我一體 사상'으로 집약할 수 있을 것이다.

이러한 '물아일체' 사상은 같은 지역에서 일재보다 한 세기를 먼저 살다 간 불우헌不憂軒 정극인丁克仁 문학의 '물아일체' 사상을 사상사적인 측면에서 계승한 것이기도 하다. 다음은 불우헌 정극인이 일재보다 한 세기 전에 쓴 유명한 가사 작품 「상춘곡」에 나오는 대목이다.

칼로 몰아낸가 붓으로 그려낸가 조화신공造化神功이 물물物物마다 헌스럽다 수풀에 우는 새는 춘기春氣를 뭇내계워 소릭마다 교태嬌態로다 물아일체物我一體어니 홍興이이 다룰소냐?

이 구절에 나타난 '물아일체' 사상은 우리의 부족국가 시대의 '무교사상'에서부터 면면히 이어져 내려온 '천지인 합일' 사상을, 유교사상을 연마한 선비의 입장과 관점에서 노래하고 있는 것이다. 일재는 이러한 선배의 '물아일체' 사상을 선배보다 한 세기 뒤에 '이기일물설理氣—物說'로 탁월하게 재창조 하고 있다.

일재보다 5살 연상이었던 담양 사람 면앙정 송순의 시가를 보면 다음과 같은 구절이 나온다.

> 람여籃輿를 빅야 트고 솔 아릭 구븐 길노 오며 가며 ᄒᆞᄂᆞᆫ 적의 綠楊의 우ᄂᆞᆫ 황앵黃鶯 교태嬌態 겨워 ᄒᆞᄂᆞᆫ고야. 나모새 ᄌᆞᄌᆞ지어 록음綠陰이 얼린 적의, 백척난간百尺欄干의 긴 조으름 내여 펴니, 수면양풍水面涼風이야 긋칠 줄 모르ᄂᆞᆫ가.[10]

이 구절의 내용을 보면, "뚜껑 없는 가마인 남여를 타고 소나무 아래의 굽은 길로 지나가자니, 푸른 버들가지 위에서 지저귀는 꾀꼬리는 흥에 겨워 아양을 떨어, 나무 사이에 빼곡하게 녹음이 엉긴 드높은 난간 위에서 한가하게 졸음을 즐기노라니, 물 위의 서늘한 바람이 그칠 줄을 모른다"는 내용이다. 이것은 앞에서 예를 들어 거론한 불우헌 정극인의 「상춘곡」의 한 구절과 별로 다르지 않는 정서 곧 '물아일체'의 정서를 노래하고 있다는 점에서, 일재 이항의 '이기일물설'의 '물아일체' 사상과 그다지

---

9 정극인, 김익두 옮김, 『국역 불우헌집』, 서울: 문예원, 2013, 237~238쪽.
10 송순의 「면앙정가」 일부.

멀지 않은 거리에 있음을 알 수 있다.
일재 이항과 친 사돈 간이었던 하서 김인후의 시를 보면, 다음과 같은 유명한 시조가 있다.

청산도 절로절로 녹수도 절로절로
산 절로 수 절로 산수 간에 나도 절로
이 중에 병 없는 이 몸이 늙기도 절로 하리라

이 유명한 시조의 주제는 더 설명할 필요도 없이 '물아일체物我一體'의 경지를 노래한 데에 있다는 것을 바로 알 수 있다.
일재의 영향권 안에서 활동한 기봉岐峯 백광홍白光弘이 지은 우리나라 최초의 기행가사인 「관서별곡」에도 다음과 같은 구절이 나온다.

영중營中이 무사無事커늘 산수山水를 보랴ㅎ야 약산동대藥山東臺에 술을 실고 올나가니 안저眼底 운천雲天이 일망一望에 무제無際로다 백두산白頭山 ㄴ린물이 향로봉香爐峯 감도라 천리千里를 빗기흘너 대臺 압프로 지ㄴ가니 반회굴곡盤回屈曲ㅎ야 노룡老龍이 소리치고 해문海門으로드난듯 형승形勝도 ㄱ이업다 풍경風景인달 안니보랴 작약綽約 선아仙娥와 선연嬋姸 옥빈玉鬢이 운면雲綿 단장端粧ㅎ고 좌우左右에 버러이셔 거믄고 가야고伽倻鼓 풍생용관風笙龍管을 부르거니 니애거니 ㅎㄴ양은 주목왕周穆王 요대상瑤臺上의 서왕모西王母 만나 백운곡白雲曲 브르난듯11

30 제1부 일재一齋 이항李恒의 사상

이 부분은, 평안북도 영변군 영변읍에 있는 명승지 '약산동대'에 올라가 바라본 경치를 보고 이를 묘사한 것이다. "일망무제로 탁 트인 경치에, 백두산에서 내려오는 물이 향노봉을 감돌아 내려와 약산동대 앞으로 지나가는 모양이 늙은 용이 꼬리치고 바다로 들어가는 듯한 가운데, 아름다운 맵시와 머리카락을 한 부드럽고 연약한 선녀/여인들이 아리따운 비단옷으로 단장을 하고 좌우에 벌여 앉아 거문고 가얏고 등의 악기를 연주하는 모양을 그려내고 있다. 이 묘사도 역시 자연과 인간이 하나가 된 경지 곧 '물아일체 物我一體'의 경지를 노래하고 있음을 알 수 있다.

역시, 일재 사상의 영향권 안에서 활동한 송강松江 정철鄭澈의 작품에서는 이러한 '물아일체物我一體'의 경지가 더욱 더 수준 높은 예술적 지평에서 구현되고 있다. 다음을 보자.

① 산중山中의 책력冊曆 업서 사시四時랄 모라더니 눈 아래 헤틴 경景이 철철이 절로 나니 듯거니 보거니 일마다 선문仙門이라. …(중략)… 망혜芒鞋랄 배야 신고 죽장竹杖을 훗더디니 도화桃花 핀 시내 길히 방초주芳草洲예 니여셔라 닷봇근 명경중明鏡中 절로 그린 석병풍石屛風 그림재 벗을 삼고 새와로 함끠 가니 도원桃源은 여긔로다 무릉武陵은 어대메오.[12]

② 영중營中이 무사無事하고 시절時節이 삼월三月인 제 화천花川 시내길히 풍악楓岳으로 버더잇다 행장行裝을 다 떨티고 석경石經의 막대 디퍼 백천동百川洞 겨태 두고 만폭동萬瀑洞 드러가니

---

11 백광홍의「관서별곡」일부.
12 정철의「성산별곡」의 일부, 김성배 외,『주해 가사문학전집』, 서울: 정연사, 1961, 65~66쪽.

　　　　은銀가탄 무지개 옥玉가탄 눈이로다[13]

　　③ 동풍東風이 건 듯 부러 적설積雪을 헤텨내니 창窓밧긔 심근 매화梅花 두세 가지 픠여셰라 갓득 냉담冷淡한대 암향暗香은 므사 일고 황혼黃昏의 달이 조차 벼마대 빗최니 늣기난닷 반기난닷 님이신가 아니신가[14]

　　④ 님다히 소식消息을 아무려나 아쟈 하니 오날도 거의로다 내일이나 사람 올가 내 마음 둘 대 업다 어드러로 가잣말고 잡거니 밀거니 놉픈 뫼해 올라가니 구름은카니와 안개난 므사 일고 산천山川이 어둡거니 일월日月을 엇디 보며 지척咫尺을 모라거든 천리千里를 바라보랴[15]

　먼저, ①에서는 한 해의 사시四時를 자연의 풍광으로 느껴 알고, 잘 닦은 겨울 같이 맑은 물 속에 비친 병풍 같은 바위 그림자를 벗을 삼아, 새와 더불어 자연 속을 노니는 자신의 모습을 그린 것으로, 역시 자연과 인간이 하나 된 '물아일체物我一體'의 경지를 그려내고 있다. ②도 역시 ①과 비슷하게 자연의 아름다운 풍광과 하나가 되는 '물아일체'의 과정을 그리고 있다. ③은 임을 간절히 기다리는 서정적 자아 자신의 마음을 자연의 매개체인 '매화'에 비유하고, 임을 역시 자연의 매개체인 '달'에 비유하여, 자연의 변화에다가 인간 심정의 변화를 투사하여 표현함으로써, 역시 '물아일체'의 경지를 그려내고 있다. ④역시 기다

---

13 정철의 「관동별곡」의 일부, 김성재 외, 앞의 책, 1961, 47쪽.
14 정철의 「사미인곡」의 일부, 김성재 외, 앞의 책, 1961, 57쪽.
15 정철의 「속미인곡」의 일부, 김성배 외, 앞의 책, 1961, 62쪽.

려도 오지 않는 임을 간절히 그리는 마음을, 구름과 안개가 끼어 일월日月을 볼 수 없는 자연 현상에 비유하여 표현함으로써, 인간의 암울한 심정과 자연의 암울한 현상을 연결시키고, 이를 통해서 자연과 인간이 하나 되는 '물아일체物我一體'의 경지를 노래하고 있다.

이상의 사례 분석에서 어느 정도 확인되는 바와 같이, 일재 이항이 살아간 시대의 호남문학은 이른바 '물아일체物我一體' 사상을 가장 중요한 사상적 기반으로 하고 있으며, 이러한 사상적 기반은 일재 이항의 '이기일물설理氣一物說'과 깊은 상관관계가 있는 것으로 판단된다.

왜냐하면, 일재의 '이기일물설'은, 형이상학적 - 명목론적 이념인 '이理'와 '기氣'가 형이하학적인 실체 곧 실질적인 '사물 - 감각'에 의해, 인지 가능한 실체와의 결부에 의해서만 그 인식과 표현이 가능하다는 '실체론'이기 때문이다. 이러한 실체론의 범주 안에서만이, 호남문학은 그 표현의 긍정적 가능성을 확보할 수 있게 된다. 이것은 마치 서양에서 플라톤의 '이데아론'에 의해 추방되었던 문학예술이, 아리스토텔레스의 '실질론'에 의해 다시 '이상국가' 안으로 되돌아온 과정과 매우 유사하다. 감각적 실체 곧 구체적인 사물의 '매개'를 통해서만이, 우리는 사물을 인지하고, 사물을 예술적으로 표현/재현presentaion/representeion할 수가 있기 때문이다.

이러한 문학예술적 표현/재현의 지평에서, 조선조 호남 문학 사상 길을 실질적으로 열어준 것은, 바로 일재 이항의 '이기일물설理氣一物說'이라고 필자는 생각하게 된다.

4. 결어

　이상으로, 호남문학 사상사에 있어서의 일재一齋 이항李恒의 위상과 의의를 간략히 살펴 보았다. 논의 내용을 정리하면 다음과 같다.

　첫째, 호남 사상사의 주요 맥락은, 그 원형으로서의 무교사상을 토대로 하여, 고운 최치원의 풍류사상, 일재 이항의 '이기일물설', 수운 최재우의 '인내천' 사상 및 해월 최시형의 '향아위설', 증산 강일순의 '해원·상생·대동' 사상 등으로 부단히 이어져 왔다.

　둘째, 일재 이항의 사상은, 호남사상의 근원적 원천인 천인합일의 '무교사상', 그것의 개방적 재창조 사상이자 새로운 천인합일 사상인 고운 최치원의 '풍류사상'의 맥락을 창조적으로 계승하여, 유명한 '이기일물설理氣一物說'을 창안해 냈으며, 이것은 그 이후의 근현대사상인 최제우·최시형 등의 '인내천·향아위설向我位說'과 같은 동학사상 및 증산 강일순의 '해원解寃·상생相生·대동大同' 사상을 낳게한 중요한 원동력이 되었다.

　셋째, 일재 이항의 사상은 근세 호남 시가문학의 주류인 불우헌 정극인, 면앙정 송순, 송강 정철, 기봉 백광훈 등의 시가문학과 긴밀한 상호관계를 가지면서, 근세 호남 시가문학의 사상적 주류를 형성해 왔다. 그 핵심 사상은 '이기일물설理氣一物說'을 문학적 지평에서 예술화한 '물아일체설物我一體說'이라고 할 수 있다.

　넷째, 이러한 일재 이항의 문학사상은 서양의 플라톤 사상에 대한 아리스토텔레스 사상의 위치에 있다. 곧 이율곡과 이퇴계

등의 사상이 플라톤적 이데아론 곧 '명목론적 관념론'이라면, 이 일재의 사상은 아리스토텔레스적인 '실질론적 실체론'의 지평에 위치한다고 할 수 있다.

다섯째, 서양 아리스토텔레스의 '실체론' 사상에서 그의 유명한 '시학'의 이론이 생겨나와 서양 및 21세기까지의 전 세계 문학예술 이론을 지배했다면, 일재 이항의 '이기일물설' 사상에서 '물아일체설' 이론이 생겨나와 우리 근세 호남 시가문학을 지배했다.[16]

여섯째, 문학은 실질론 - 실체론의 범주 안에서만이 그 표현의 긍정적 가능성을 확보할 수 있기 때문에, 감각적 실체 곧 구체적인 사물의 '매개'를 통해서만이, 우리는 사물을 인지하고, 사물을 예술적으로 표현/재현presentaion/representeion할 수가 있다는 측면에서 볼 때, 일재 이항의 '이기일물설'은 우리나라 문학이론 및 문학사상의 매우 중요한 사상적 토대를 이루게 되며, 이러한 방향에서 일재 이항 사상의 문학사상사적 위상과 가치를 발견하게 된다.

앞으로, 문학예술적 표현/재현의 문제에 철학적/사상적 토대의 길을 실질적으로 열어준 일재 이항의 '이기일물설'에 대해, 한국 철학계 및 미학계에서 좀 더 본격적이고 구체적인 논의가 이루어지기를 기대한다.

---

16 이러한 필자의 주장에 대해, 혹자들은 중국 동진의 도연명 등의 시가에 나오는 '물아일체' 사상과 같은 문학사상을 끌어다가, 일재 이항 및 근세 호남문학의 '물아일체' 사상의 창조적 가치를 반박하려 들지도 모른다. 그러나, 예컨대 도연명의 '물아일체' 사상과 우리 근세 호남 시가문학의 '물아일체' 사상과의 관련 문제는, '영향사적 비교' 혹은 상대적 비교의 문제이며, 결코 모방적 주종관계의 지평에서 논의될 문제는 아니다. 왜냐하면, 고운 최치원의 '풍류도' 사상이 이른바 '유불선' 삼교 포함 사상이라고 해서, 곧바로 유교 불교 도교 등의 외래 사상과의 모방적 주종관계로 파악해서는 안 되는 것과 마찬가지이다. 이러한 문제는 물론 한국 철학사 혹은 철학사상 전문가들의 좀 더 본격적인 논의를 통해서 해결될 문제이다. 이러한 논의는 비전공자인 필자의 논의 한계를 벗어나는 문제이기 때문에, 여기서 본 논의의 한계를 분명히 하고자 한다.

참고문헌

김성배 외, 『주해 가사문학전집』, 서울 : 정연사, 1961.
김익두, 「정읍사상의 전통과 그 역사적 전개에 관한 시론」, 『정읍학』 창간호, 정읍학연구회, 2014.
김익두 외, 『남학가사 연구』, 서울 : 문예원, 2014.
이 항 지음, 권오영 옮김, 「기명언 대승에게 줌(與奇明彦大升)」, 『국역 일재선생 문집』, 일재선생국역추진위원회, 2002.
정극인, 김익두 옮김, 『국역 불우헌집』, 서울: 문예원, 2013.

논평

「호남문학 사상사에 있어서의 일재—齋 이항李恒의 위상과 의의」를 읽고 난 소감과 질문

유화수 ∥ 호원대학교 교수

문학사에서 문학사상사 연구는 특정한 시대의 문학을 깊이 있게 이해하기 위해 반드시 이루어져야 하지만, 이 분야 연구가 부진한 것은 우리나라 학계에서 어쩔 수 없는 실정이다. 한국문학 전공자가 유불도의 사상이나 민중사상에 정통하기란 대학/대학원의 교육과정이나 학문풍토상 대단히 어려운 것이다. 통합보다는 분화를 지향해 온 근대학문의 경향에 의해 문사철이 서로 벽을 쌓고 분리된 채 대화가 단절되어 온 탓이 클 것이다.

김익두 선생은 본 논문에서도 일부 밝혀 놓았듯이 국문학 전공자임에도 불구하고 일재 이항으로 대표되는 호남의 유학사상은 물론이고 남학을 비롯한 민중사상에도 관심을 기울여 왔다. 이 논문은 가사/시조 등의 조선전기 호남문학에 깃들어 있는 사상의 특징을 '물아일체'로 규정하고 있으며, 나아가 이러한 '물아일체' 사상/정서의 사상적 철학적 연원을 일재 이항의 '이기일물설'에서 찾고 있다.

필자는 구체적인 문학 작품이 창작되고 발달하려면 명확한 형태의 철학적 인식이 그 배후에 있어야 한다는 김익두선생의 암묵적 전제에 동의하며, 그러한 전제에서 출발하여 조선 전기 호남시가의 철학적 근거를 일재 이항의 사상에서 찾고자 하는 지난한 시도에 대해 경의를 표한다.

다만, 몇 가지 중요한 개념에 대해 좀 더 세밀하게 다듬을 필요성을 필자 나름으로 느껴, 몇 가지 다음과 같은 문제를 제기하고자 한다.

첫째, "일재 이항이 살아간 시대의 호남문학은 이른바 '물아일체' 사상을 가장 중요한 사상적 기반으로 하고 있"다고 하였는데, 그 시대 다른 지역에서 살았던 사대부의 시가는 '물아일체' 사상을 보여주고 있지 않은지요? 혹시 그 시대 성리학을 신봉했던 사대부들의 시가가 공통적으로 그런 사상적 경향을 가졌던 것으로 볼 수는 없는지요?

둘째, 성리학에서 일재 이항과는 다른 입장을 취했던 퇴계와 율곡의 시조에서도 '물아일체' 사상을 찾아볼 수 있을 것 같습니다. 다만 호남시가에서는 부드러운 서정성이 바탕을 이루고 있는 반면, 퇴계/율곡의 시조에는 관념적 철학을 표현하려는 점에서 차이가 있다고 보는데, 선생님의 견해를 듣고 싶습니다.

셋째, "문학예술적 표현/재현의 문제에 철학적/사상적 길을 실질적으로 열어준 것은 바로 일재 이항의 '이기일물설'에 의해서라고"하셨는데, 일재의 '이기일물설'이 '문장재도론文章載道論'과 다른 문학론 또는 언어관의 가능성을 열어주었다는 뜻인지 궁금합니다.

일재一齋의 학문과 사상에 대한 퇴계 이황의 평가
: '성리설性理說'을 중심으로

최영성
한국전통문화대학교 교수

1. 머리말

　일재一齋 이항李恒은 조선 명종·선조 시기의 대표적인 학자의 한 사람이다. 김인후·기대승과 함께 16세기 호남유학을 대표하였다. 당시 일재는 전국적인 지명도가 있는 거유巨儒로 인식되었다. 그의 성리설은 고봉 기대승에 의해 이황에게 알려짐으로써 뜻하지 않게 학계의 주목을 받은 바도 있다. 남긴 글이 적음에도 학술적으로 주목을 받았던 것은 일차적으로는 일재의 지명도에 힘입은 것이지만, 내면적으로는 이황과 기대승의 구실이 컸다고 할 수 있다.
　그러나 일재의 '성리설性理說'은 이황의 부정적인 평가로 말미암아 17세기 이후 학계에서 거의 조명을 받지 못하였다. 조선 후기 성리학사에서 우뚝한 발자취를 남겼던 농암農巖 김창협金昌

協(1651~1708)은 "퇴계가 논한 몇 가지 논평은 고칠 필요가 없다고 본다"고 하였다. 이로써 이황의 평가는 사실상 학계의 공론이 되다시피 하였다.

일재의 '성리설'은 리기론理氣論에 집중되어 있다. 그나마 단편적인 조각글이 다수다.[17] 사정이 이렇다보니, 연구가 어느 정도 진척된 오늘날에도 그의 성리설을 사실상 '소개'하는 데 그칠 수밖에 없다. 심도 있는 논의가 사실상 어렵다. 이를 타개할 수 있는 길의 하나로 일재의 성리설에 대한 선유들의 비판적 논의를 검토해보는 것도 좋을 듯하다. 필자는 퇴계 이황의 평을 통해 일재의 학문 면모를 다시볼 수 있다고 생각한다. 물론, 부정적인 평가를 그대로 받아들일 수는 없지만, 당대 성리학의 거봉인 이황의 평가를 통해 일재의 성리학을 비판적으로 고찰할 수 있다고 본다. 비판적 논의는 어떤 장면을 돋우려고 사용하는 배경색과도 같다. 이황의 평가는 일재 성리학의 면모와 위상을 살피는데 일조가 될 것으로 판단한다.

필자는 2012년에 일재의 사상을 고찰하면서 성리학에 대해 논한 바 있다. 이 글에서는 일재의 성리학을 정면으로 다루지는 않고, 이황을 비롯한 당대 학자들의 비평을 통해 간접적으로 고찰해 보려 한다. 일재 연구에서 이황의 비판은 넘어야 할 산이

---

17 선유들의 문집을 보면, 『일재집』에 실리지 않은 의미 있는 내용을 접할 수 있다. 한 예로 일재의 출처관에 관한 것이다. 일재는 이황의 문인 柏潭 具鳳齡과 함께 元儒 魯齋 許衡의 출처관에 대해 논한 바 있다. 이 때 구봉령은 허형이 원나라를 섬긴 것이 절개를 잃은 것이라고 평하였고, 일재는 '행동이 권도에 맞다'(行中權)고 하여 의견이 서로 합치되지 않았다고 한다. 이런 내용들이 다수 收拾되면 일재 연구에 도움이 될 것으로 판단한다. 『栢潭集』附錄,「有明朝鮮國嘉善大夫吏曹參判兼藝文館提學同知經筵成均館事五衛都摠府副摠管栢潭具先生墓碣銘」,"嘗訪李一齋恒, 論許魯齋仕元之非, 一齋以爲行中權. 公曰:「去就之失, 常由於認權爲經」. 議不合而罷."(李塤,『蒼石集』권16에도 실려 있다).

다. 이황의 비평은 비판 일색이지만, 그의 부정적 인식이 곧 성덕군자로서의 일재의 위상을 내려깎는 것은 결코 아니다. 어디까지나 성리학의 이론적 측면에 국한된 것이다. 이점 이해 있기를 바란다.

2. 일재一齋에 대한 후학들의 평가

일재는 처음에 무업武業을 닦다가 삼십대에 홀연히 방향을 바꾸어 도학에 정진하여 우뚝한 학자가 되었다. 후학들은 그의 용기를 높이 평가하였다. 그의 용맹정진勇猛精進에 찬사를 아끼지 않았다. 17세기 조선 유학계의 거벽巨擘이었던 우암尤庵 송시열宋時烈은 일재를 다음과 같이 기린 바 있다.

    선생은 처음에 손오孫吳의 병서兵書를 좋아하다가 이어 인의仁義의 설說을 듣고는, 독실하게 믿고 깊이 탐구하여 마침내 옛것을 고치고 새것에 힘썼다. 천성이 참으로 순전하였다. 대개 선생은 젊었을 적에 호용豪勇으로 자부하고 강건剛健을 도구로 삼아서 간혹 협의俠義의 소굴에 접근하기도 하였다. 성품이 호걸스럽고 용맹한 선생은 무오년과 기묘년의 사화士禍에 충격을 받은 나머지 방종放縱한 데에 발을 들여놓았지만, 역시 호용함 때문에 정도正道로 돌아왔다. 속도가 바람이나 천둥보다 더 빨랐다. 정도로 돌아온 뒤에는 배우기를 싫어하거나 게을리 하지 않아서 마침내 성취가 있었다. 그 강건의 도구가 능히 인내忍耐의 공효를 거두었다. 그 도道와 덕德이 성립됨

에 미쳐 남쪽 지방의 진신搢紳 · 장보章甫가 울연蔚然히 스승으로 높였다.[18]

타고난 기질을 어떻게 긍정적으로 활용하느냐에 따라 삶이 180도 달라질 수 있음을 잘 서술한 것이라고 본다.

또 송시열과 함께 당대를 대표했던 명재明齋 윤증尹拯(1629~1711)은 일재의 천리지공踐履之功이 독실함을 높이 평가하였다.

선생은 스스로 만학晩學을 구실로 정력이 분산될 것을 염려하여 박학에 힘쓰지 않았다. 사서四書에만 공력을 쏟았다. 그 결과 마침내 큰 학문적 성취를 보았다. 비록 심心과 성性이 발함에 선후가 있다는 학설을 옳다고 믿고 고집한 까닭에 퇴계 선생에게 비판을 받기도 했지만, 깊이 도를 수양하여 자득함으로써 편안하게 처신하고 도를 크게 활용했던 점은 들은대로 떠드는 보통의 학자들과는 비교할 수 없는 점이다. 이로 말미암아 자기 내면에 있는 것이 그의 실제의 덕이 되었고 남에게 끼친 영향이 그의 실제의 학문이 됨으로써 그의 풍교風敎와 학덕의 여운이 세월이 오래되어도 없어지지 않고 있다. 실로 이른바 성현이 어떻게 마음을 썼는지를 제대로 깨달은 사람이 아니라면 어떻게 이처럼 할 수 있겠는가. 단지 글을 외우거나 강설하는 것만을 일삼는 무리들이 비록 한 글자도 안 틀리고 성현의 글을 다 읽으며, 본성과 천명의 근원을 말하는 것이 하늘에서 꽃 떨어지듯 번지르르하다 해도 이 역시 무슨 도움이 된단 말인가.[19]

---

18 『송자대전』 권148, 32b, 「一齋集跋」 참조.

문집의 발문을 통한 평가이기 때문에 한계가 없지는 않을 터이지만, 일재의 내면세계를 비교적 잘 그린 것으로 평가할 수 있겠다.

17세기 조선 유학계를 대표하는 두 거유의 평가는 성덕군자成德君子로서의 일재의 위상을 확고하게 하는 데 크게 기여하였다. 그러나 성리학과 관련한 후학들의 평가는 그리 후하지 않았다. 일재의 성리설에 대해 부정적으로 인식하는 경우가 많았다. 이른바 '사면수풍四面受風' 바로 그것이었다. 가깝게는 김인후와 기대승으로부터 비판을 받았고, 나중에는 퇴계 이황에게 결정타에 가까운 무거운 비판을 받았다.

이황에 이어 송시열은 일재의 '리기일물설理氣一物說'에 대해 경솔한 주장이라고 비판하였다.

> 이일재의 설은 미처 보지 못하다가 지금 보내 준 편지를 통해 처음 보았습니다. 놀라움을 이기지 못합니다. 이는 대체로 주자의 학설을 깊이 연구하지 않고 경솔하게 의견을 세운 결과입니다. 후학들에게 깊이 경계가 될 수 있을 것입니다.[20]

일재 성리학에서 핵심 학설이 한 마디로 부정되었다. 농암 김창협은 일재를 남명南冥 조식曺植(1501~1572)과 같은 성향을 지닌

---

19 『명재유고』 권32, 22b, 「一齋集跋」 참조.
20 『송자대전』 권90, 4b-5a, 「答李汝九」 "李一齋說, 曾未之見, 今因來示, 始得聞之, 不勝駭然. 是蓋不深究朱子說而輕易立論之致, 深可爲後學之戒也."
宋近洙, 『宋子大全隨箚』 권9, 「卷之九十書」 "李一齋說, 以道器混爲一物."(총간 116-426).

학자로 평가하면서, 일재에게 '자신을 뻐기는' 병통이 있음을 지적하였다.

> 일재가 학문에 들인 공력은 남명보다는 나은 것 같다. 그러나 리를 보는 것이 주밀周密하지 못하고, 자신自信함이 너무 지나쳤다. 예를 들어 하서·고봉 같은 이들도 다 같은 후학으로 보고 그들을 가르치려 들었다. 퇴계가 논한 몇 가지 말은 개평改評을 필요로 하지 않는다.[21]

'공력이 남명보다 낫다'는 평은, 조식에게 리기론 등 성리학에 관한 논의가 많지 않음을 두고 한 말인 것 같다. '리'를 보는데 투철하지 못하다는 비판, 자신감이 도를 넘었다는 비판은 이황의 시각을 그대로 계승한 것이다. 김창협은 조식에 대해 "남명의 병통은 '긍矜' 한 글자에 있다"[22]고 한 바 있다. 그런 그가 일재까지도 '자부심이 지나쳤다'고 하여 그를 조식과 한 부류部類로 보려는 시각을 드러냈다. 두 학자의 호협豪俠한 체질을 염두에 둔 것으로 보인다.

일재를 조식과 같은 부류의 학자로 인식하는 것은 퇴계 이황으로부터 시작되어 농암 김창협에 이르러 굳어진 것 같다. 이황이 문인 금난수琴蘭秀에게 보낸 서한을 보자.

---

21 『농암집』 권32, 33a, 雜識, 「內篇 二」, "一齋問學之功, 勝似南冥. 然見理未周, 而自信太過. 如河西高峰, 皆視同後學而指敎之. 退溪所論數語, 宜不容改評矣."
22 上同, 33a, "南冥病在一矜字."

<u>남명과 일재는 그 사람됨을 한마디로 단정하기는 어렵습니다.</u> 예부터 처사處士가 세상에 나가면 으레 말들이 많은 법입니다. 지금 분분하게 떠드는 것이야 어찌 괴이하게 여길 것이 있겠습니까. 그러나 또한 각기 제스스로 그러한 말을 듣게 한 것이니, 참으로 경계하고 조심할 일입니다.[23]

이 글을 보면, 당시 처사處士로 자처하던 두 사람이 유일遺逸로 천거를 받아 6품직의 벼슬길에 나아간 것을 두고 주위에서 말들이 많았던 것 같다. 밑줄 친 부분은 조식과 일재를 같은 부류로 인식했음을 엿보게 한다. 두 사람은 호협, 강건한 기질에다 일정한 사승師乘 없이 일가를 이룬 사람들이다. 자수성가형이다. 자수성가형의 학자는 대개 자기주장이 강하다. 자긍심이 남다르다. 일재와 조식은 자수성가형에다 처사형處士型 기질까지 겸하였으니 한 마디로 말하기 어려웠을 것이다. 『논어』 위령공편에 "군자는 자긍심을 갖되 남과 다투지 않는다君子矜而不爭"는 말이 있다. 이황이 보는 일재는 자신을 높이고自矜, 남을 이기려는好勝 태도가 강한 학자였다.

이상의 평을 종합해보면, 일재는 '호협', '강건'함으로 학문을 성취하고 덕을 세웠지만, 다른 한편으로는 호용과 강건함 때문에 자긍自矜에 빠졌다고 지적을 받은 것 같다. 기질을 변화시키는 일變化氣質이 말처럼 쉽지 않음을 일재의 사례를 통해서도 엿

---

23 퇴계문집 권36, 36b, 「答琴聞遠」 "南冥一齋爲人, 未易一語斷了. 自古處士出世, 例多議論. 今之紛紛, 亦何足怪哉? 然各其人有以取之, 眞可戒懼耳."

볼 수 있다.

3. 기대승奇大升과의 '리기논변理氣論辨'

일재가 호남을 대표하는 학자로 널리 알려지자 그에 대해 관심을 표하는 학자들이 늘어났다. 근기近畿 지역에서는 허엽許曄·남언경南彦經 등 화담 서경덕 계열의 학자들이, 영남에서는 이황의 문인들과 조식 계열의 학자들이 일재와 교류하였다. 근기와 영남·호남을 아우르다보니 자연스럽게 전국적인 지명도가 있게 된 것이다.

조선성리학사에서 이황과 기대승 사이에 있었던 '퇴고논변退高論辨'의 선구적 의의는 본고에서 굳이 재론할 것은 없을 듯하다. 다만, 퇴고논변과 비슷한 시기에 있었던 여러 성리학적 담론들이 그 그늘에 가려지는 부수적인 결과를 초래하였음은 부언해두어야 할 것 같다. 일재와 기대승 간의 논변은 퇴고논변과 같은 비슷한 시기에 있었던, 잘 알려지지 않은 논변이다.

『고봉집』에 실린 연보를 보면, 기대승은 명종 13년(1558) 7월에 한양으로 올라가다가 태인泰仁에 들러 일재를 뵙고 「태극도설太極圖說」에 대해 논하였다고 한다. 또 그 해 11월에 귀향하면서 다시 일재를 뵙고 태극에 대한 논변을 하였으나 평행선을 달리다가 돌아왔다고 한다. 당시 일재는 태극은 리理와 기氣를 겸한다고 강조하였고, 기대승은 '태극'은 기와는 관련이 없는 리일뿐이라고 주장하였다. 지루할 정도로 같은 주장이 반복되었고,

끝내 결론에 이르지 못하였다.

해가 바뀌어 1559년이 되었다. 일재는 지난 해 1월과 7월에 있었던 태극논변의 내용을 요약, 정리하여 기대승에게 보냈다. '증기정자서贈奇正字書'가 그것이다. 이 서한에서 일재는 "태극은 음양과 섞지 않고 말한 것이다. 『주역』에 '태극이 양의兩儀(음양)를 낳았다'고 하였으니, 태극이 음양에 섞이지 않았음을 여기서도 볼 수 있다"고 한 기대승의 설을 비판하였다. 장문의 내용을 요약하면 다음과 같다.

① 태극도 중에서 상일권上一圈은 태극의 본체만을 도출해서 말한 것이다. 즉, 리만 말하고 기는 말하지 않은 것이다. 하일권은 리·기를 겸하여 말한 것이다. 그렇기 때문에 "음양은 하나의 태극으로 정조精粗·본말本末이 피차彼此가 없는 것이다"고 한 것이다. 상일권의 '리'와 하일권의 '도道'를 분별하지 않고, 태극은 음양에 섞이지 않은 것이라고 한 것은 잘못이다.

② 『주역』에서 "태극이 양의를 낳았다"고 하였다. 태극이 양의를 낳기 전에는 양의가 본디 태극 속에 있고, 태극이 양의를 낳은 뒤에는 태극의 이치가 양의 속에 있다. 양의가 나오기 전이나 나온 뒤에도 진실로 태극에서 떠나지 않는 것이다. 만약 서로 분리된다면 아무 것도 없는 것相離則無物이다.

③ 정자程子는 "박람博覽은 완물상지玩物喪志다"고 말하였다. 모름지기 여러 책들을 박람하는 것을 조금 중지하고 거경居敬한 상태에서 이치를 궁구하며, 묵묵히 생각하고 스스로 터득하여 존성함양尊德涵養의 공력이 오래 된다면, 리기가 비록 두 가지인

것 같지만 혼연한 일물一物임을 자연히 터득하게 될 것이다."[24]

일재의 견해는 변함없이 확고하였다. 그는 리기理氣가 '혼연일물'이라는 점을 재차 강조하면서 '리기가 분리되면 아무 것도 없다'고 하기에 이르렀다. 일재가 말하는 '일물'이란 명목상으로 구분界分은 있지만 실제상으로는 경계界限가 없음을 말한다.[25] 그는 위 서한에서 '도를 아는 사람이 아니면 누가 이를 알겠는가非知道者, 孰能識之'고 하였다. 그의 「리기설理氣說」에도 같은 말이 보인다. 강한 자부심을 엿보게 한다. 그러나 이런 어조語調는 이황을 비롯한 동시대 학자, 나아가 후학들에게 좋지 않은 이미지를 심어준 것 같다. 자부심에서 나아가 '독선'으로 비쳐진 듯하다. 이에 대해 기대승은 다시 다음과 같이 반박하였다.

① 태극 논의에서 선생의 요점은 태극은 리기를 겸한 것이라는데 있다. 어찌 이처럼 잘못 이해할 수 있단 말인가何其若是之錯認耶? 담재湛齋(김인후)에게 답한 글 가운데 사람과 말馬에 대한 변론도 옳지 않다. 글을 이처럼 보면 식자들의 비웃음을 사게 되지 않겠는가觀書如此, 得不爲識者所笑乎?
② 정자가 박학은 완물상지라 한 것은 박식을 불가하다고 한 것이 아니다. 글 뜻을 잘못 이해한 것이다. 『중용』에서는 "널리 배운다"博學之고 하였고, 『맹자』에서는 "널리 배우고 자세히

---

24 『일재집』, 6a-8b 「贈奇正字(大升)書」; 『양선생왕복서』 권1, 21a-22b, 「贈奇正字書」 참조; 『양선생왕복서』 권1, 21a-22b, 「贈奇正字書」 "近者, 金君從龍過我因言曰: …… 理氣雖似二樣, 而渾然一物之體, 自然見得矣."
25 『일재집』 10a, 「答湛齋書」 "理氣雖有界分, 而固無界限焉."

설명한다"博學而詳說之고 하였다. 이 말이 모두 잘못인가?

③ 묵묵히 사색하여 자득하려고만 하면 불교나 노장老莊에 빠질 수 있다. 대승의 학문은 박博에 흘러서 잡雜으로 들어갔지만, 선생의 소견 역시 약約에 치우쳐 누陋에 가린 듯하다.

④ 주신 글의 내용에는 극론極論하고 싶은 곳이 있지만 정기正氣를 기르는데 누가 될 것 같아서 대략 설파하였을 뿐이다. 자세히 살피기를 바란다.[26]

기대승은 일재에게 조금도 승복하지 않았다. 도리어 논변의 상대가 되지 않은 것처럼 여긴 듯한 느낌이다. 32세의 연소기예年少氣銳한 기대승의 언사가 날카롭다 못해 사납다. 변론이 격해지면서 평정심을 잃은 것 같기도 하다. "어찌 이처럼 잘못 이해할 수 있단 말인가", "글을 이처럼 보면 식자들의 비웃음을 사게 되지 않겠는가", "극론하고 싶은 곳이 있지만 정기를 기르는데 누가 될 것 같아 대략 설파하였다" 등등의 표현은 한 세대 선배 학자에 대한 예경禮敬에 문제가 있어 보인다. 할 말을 다하면서도 예의를 극진히 하는 것과는 거리가 있는 것 같다. 다만 언사가 중정中正을 잃은 데에는 일재의 책임도 없지는 않은 듯하다. 기대승은 일재에게 "의론이 격렬하여 성을 내는데 가깝다"고 항변한 바 있다.

이후 기대승은 일재에게 다시 정론定論을 내려달라고 청하였다. 이에 일재는 1560년 1월 6일자 답서를 보냈다.

---

26 『양선생왕복서』 권1, 24b-27b, 「答一齋書」 참조.

① 보내온 편지에서 "의론이 격렬하여 성을 내는데 가깝다"고 한 것은 우습다. 내가 논의한 바는 지극히 공정하다. 무엇을 피할 것이며 무엇을 꺼릴 것인가.
② 리와 기는 이물二物이기는 하지만 그 체는 하나다理氣雖二物, 而其體則一也. 대개 하나이면서 둘이요 둘이면서 하나인 것이다.
③ 주자가 성인되는 공부作聖之功를 말함에, 사서四書만 말하고 다른 것은 말하지 않았다. 사서에 공을 들여 진적역구眞積力久하기를 바란다.

전일의 논의에서 진전되지 못한 것 같지만 뜯어보면 변화는 있었다. 기대승의 강한 비판에 직면한 일재가 자신의 견해를 일부 수정한 것이다. 1558년 논변을 시작할 당시 '리기는 비록 둘인 듯하지만 본질은 혼연한 일물이다理氣雖似二樣, 而渾然一物之體'고 하였지만, 이때에 와서는 리기가 이물二物임을 명언한 것이다.[27] 앞서 '혼연일물'이라 했던 것을 '그 본체는 하나다'로 고치고 '수사雖似'라는 표현에서 '사似'자를 없앰으로써 기대승의 비판을 어느 정도 수용한 것이다. 전자를 리기일물설이라고 한다면 후자는 '리기이물일체설'이 될 것이다. 보기에 따라서는 작지 않은 차이라 할 수 있다.
그러나, 기대승은 이것을 의미 있는 변화로 받아들이지 않은 듯하다. 일재가 비록 리기가 이물임을 인정하였지만, 그것은 명목상의 구분일 뿐이요 본질적으로는 하나라는 의미였기 때문이

---

27 「答南時甫書」에서도 "理氣雖是二物, 而其體則一也"라 하여 같은 견해를 보였다.

다. 일재가 내린 결론은 그가 김인후에게 보낸 서한에서 리기는 명목상의 구분界分은 있지만 실제상으로는 경계界限가 없다고 한 말과 다름이 없다. 또 일재가 말하는 '일체一體'는 '하나의 같은 덩어리'라는 뜻이니, 결국 말만 다를 뿐이지 '일물一物'과 같다. 기대승이 수용할 수 없는 이유가 여기에 있었다.

이에 기대승은 1560년 8월, 이항↔김인후, 이항↔기대승, 김인후↔기대승 사이에 주고받은 왕복 서한을 퇴계 이황에게 보내 평을 청하기에 이르렀다.[28]

4. 퇴계 이황의 비판

1) 학문 태도에 대한 비판

일재의 성리설이 영남, 나아가 학계에 알려진 데에는 기대승의 역할이 컸다. 기대승은 일재와의 왕복 서한을 정서淨書하여 이황에게 보내면서 다음과 같이 말하였다.

이곳에 일재 선생이 계십니다. 덕이 이루어지고 행실이 높아 학자들이 많이 배우고 존경합니다. 저도 일찍이 그 문하를 왕래하며 일단의 논의를 시작해 놓고서 서로 결론을 내리지 못한 것이 있습니다. 삼가 그 왕복 서간을 기록하여 올립니다. 엎드려 절충折衷 내

---

[28] 1560년 1월 16일에 김인후가 홀연히 세상을 떠남으로써 김인후와의 왕복 서한을 빠짐없이 챙겨서 동봉할 수는 없었다.

려주시기를 바랍니다.29

기대승이 일재와의 왕복 서한을 권말에 동봉하여 보낸 의도는, 표면적으로는 객관적인 위치에서 논변을 평가해 달라는 것이었다. 그러나 내면적으로는 일재의 성리학 수준을 이황에게 알림으로써, 자신이 호남을 대표하는 유학자라는 점을 각인시키려는 의도가 없지 않았다. 기대승과 이황은 '태극설'에서 견해 차이가 없다. 태극을 '리'로 보는 두 사람 사이에 태극 문제로 논란이 있을 이유는 없어 보인다. 기대승은 퇴계 이황이 자신의 편을 들어줄 것으로 확신한 듯하다.

이황이 일재의 학설에 접한 것은 처음이었다. 그는 일재가 기대승에게 보낸 '증기정자서贈奇正字書'를 보고는 다음과 같이 평하였다. 이황의 평은 이 글을 본 것으로부터 비롯된다.

> 이일재의 이름을 들은 지는 오래되었으나 그의 학문이 어떠한지는 몰랐습니다. …… 그의 학설의 잘잘못을 구구하게 언급할 바는 아닙니다. 후일의 헌의獻疑를 기다려야 될 줄로 압니다. 다만 그에게는 옛사람이 이른바 "자기가 있는 줄만 알고 다른 사람이 있는 줄은 모른다"는 병통이 있음을 알겠습니다. …… 그가 한두 군데 글 뜻을 잘못 본 것은 논할 것도 없습니다. 오직 이 병통을 먼저 제거한 뒤라야 더불어 이 학문을 논할 수 있을 것입니다.30

---

29 『양선생왕복서』 권1, 19b, "有一齋先生, 姓李氏. 居泰仁縣. 德成行尊, 學者多師尊之. 大升亦嘗往來其門, 有一段議論發端, 而不能相竟者. 謹錄往復書簡仰呈, 伏幸折衷, 如何."
30 『양선생왕복서』 권1, "答上存齋契右" "李一齋, 久聞其名, 未知其學之如何. …… 其言之得失, 非區區所及, 當俟後獻所疑也. 但已覺有古人所謂但知有己, 不知有他人之病. 此恐不

일반적으로 이황은 온온공인溫溫恭人으로 평가를 받아왔다. 다만, 논도論道·논인論人의 경우에는 매우 적극적이었다. 한 예를 들기로 한다. 16세기 중엽 이후 영남에서 이황과 조식은 라이벌의 위치에 있었다. 이들은 상대의 위상을 인정하고 존경하였다. 인간적으로는 매우 성숙한 모습을 보여주었으나, 상대의 학문과 출처진퇴 등에 대해서는 비판을 아끼지 않았다. 비판은 대개 이황 주도로 이루어졌고 조식은 소극적 대응에 그쳤다. 강건한 기질의 소유자인 조식이 더 강하게 비판하였을 법하지만 사실은 그 반대였다.

이황은 일재에 대한 평에서도 '학자로서의 병통'을 먼저 문제삼았다. 학문을 논하는 것은 그 다음이라는 것이다. 일재는 학자적, 학문적 자부심이 강하였다. 그는 자신의 조도造道, 응도凝道의 경지를 확신하였던 것 같다. '조도'란 도에 나아간 경지를 말하고, 응도란 수도修道에 따른 도의 응집력을 말한다. 이황을 비롯한 다수 학자들은 일재의 확신하는 정도가 지나쳤다고 보았다.[31] 옛 사람이 이른바 '긍부태과矜負太過'의 예를 일재에게서 찾았다. 『심경心經』을 보면 일찍이 사상채謝上蔡가 정이천과 이별한 지 1년만에 '긍' 자를 버렸다는 대목이 있다.[32] 이에 대해 정조正祖는 '배우기를 잘 하였다'는 평가를 내린 바 있다.[33] '긍' 자를

是小病, 奈何? 其有一二段文義錯看, 不足論也. 惟當先去此病, 然後可與論此學耳."
31 鄭仁弘, 『來庵集』 권12, 「南冥曹先生行狀」 "李一齋, 亦以司畜召至京師. …… 先生謂一齋滾同世習, 儼然以賢者自當, 吾所不服也."
32 『心經』 권1, 〈益之象曰〉조 "上蔡謝氏, 與伊川先生別一年, 往見之. 先生曰, 做得甚工夫. 謝曰, 只去得箇矜字."
33 『弘齋全書』 권161, 38a, 「日得錄(一)」 "上蔡與伊川別一年, 去得箇矜字, 可謂善學."

제거하는 문제는 역대 유현들이 매우 유의하던 바였다.
『서경』「대우모大禹謨」편에 '사기종인舍己從人'이란 말이 있다. 자신의 의견을 고집하지 않고 남의 좋은 의견을 받아들인다는 의미다. 쉬운 말이지만 실천까지 쉬운 것은 아니다. 일반적으로 자신의 의견이 옳다고 생각하고는 남에게 자신의 주장을 따르도록 강요하는 경우가 더 많다. 일재 역시 '사기종인'하는 태도를 바람직한 것으로 여겨 다음과 같이 말한 적이 있다.

> 대개 학자들은 각각 자기의 뜻을 주장을 삼아서, 자기의 뜻을 버리고 남의 뜻을 따르지 않는 것이 여전합니다. 자기의 생각을 버리고 남의 뜻을 따르는 것은 도를 깨달은 자만이 능합니다.[34]

아마도 기대승을 염두에 두고 한 말인 것 같기도 하다. 그러나 기대승과의 논변 등을 볼 때, 일재 자신도 '사기종인'하는 태도를 실천에 옮기는데 용감하였다고 말하기는 어렵다. 자기 학문에 대한 확신의 정도가 강하면 강할수록 '사기종인' 하는 태도로부터 멀어지는 것이 고금 학자의 통폐通弊다.

한편, 이황은 기대승의 청을 물리칠 수 없다고 생각했음인지, 「답시논태극서答示論太極書」라는 글을 써서 일재의 설을 평하였다. 이황은 이 서한에서 기대승이 일재의 설을 축조비판한 내용이 옳다면서 편을 들었다. 이황은 논평 첫머리에서 "일재공이

---

[34] 『일재집』, 11b, 「答許參議(曄)書」 "大凡學者, 各以己意爲主, 而不能舍己從人尙矣. 舍己從人, 見道者能之."

은거하면서 평소 생각했던 바를 즐겁게 실천에 옮기고 자신自信에 독실함이 이와 같으니 참으로 가상합니다. 그러나 그의 식견과 의론議論을 보건대 병통이 없을 수 없습니다. 역시 원인은 지나치게 자신自信하고 굳게 자용自用(자기가 옳다고 믿음)하는 데 있을 뿐입니다"35고 전제한 뒤 다음과 같이 말하였다.

> 태극과 음양, 도道와 기器의 구별은 성현들께서 발명發明해 놓으신 것이 뭇별이 하늘에 걸려 있는 것과 같을 정도가 아닙니다. 그런데 이 분은 애당초 세심하게 번거로움을 참아가며 은미한 뜻을 정미하게 연구하지 않고는, 「태극도설」에서 한 개의 영상影象만을 대충 보고 몇 구절의 서론緖論을 주워다가 서둘러 고집하여 정견定見으로 삼으며 '천하의 도리가 이러한 데에 불과할 뿐이다'고 하였습니다. 이미 학문을 잘한 사람이 아닙니다.36

자기 생각과 같은 말만 골라서 보는 단장취사斷章取捨의 결점이 있음을 주로 지적한 것이다. '한 개의 영상만을 대충 보고' 운운한 것은 일재의 학문 태도에 대한 비판이지만, 의취상意趣上으로는 일재의 학문 전체에 대한 평가라 할 수도 있다. 이황은 그 글 말미에서 다시금 일재에게 '학문상으로 빨리 성과를 내려하는欲速', 또 '스스로 만족해하는自喜' 병통이 있다고 비판하면서, 기대승에게 이를 경계해야 한다고 주문하기도 했다.

---

35 『퇴계문집』 권16, 45b, 「答奇明彦 別紙」 "…… 但一齋公隱居樂志, 篤於自信如此, 誠嘉尚. 然觀其識趣議論, 不能無病. 亦在夫過於自信, 堅於自用而已."
36 『퇴계문집』 권16, 45b, 「答奇明彦 別紙」 참조.

이황의 비판은 여기서 그치지 않았다. 갈수록 강도가 높아졌다. 다른 사람의 규계規戒를 듣고도 자신의 잘못을 고쳐 새롭게 되기를 도모하지 않는 일재의 학문 태도는 문제점이 작지 않다고 하면서 "은거하여 도를 논하는 경우 후생들에게 의혹을 끼치고, 출세하여 세상에 쓰일 경우 정사에 해를 끼칠 것이라"고까지 비판의 수위를 높였다.

2) '리기일물설理氣一物說'에 대한 비판

이황은 일재의 '리기혼연일물설'을 비판하면서 '이자난지理字難知'로 요약되는 자신의 '리철학理哲學'을 전개하였다.

> 대개 옛사람이나 지금 사람들의 학문과 도술道術이 어긋난 이유를 깊이 생각해 보건대, 다만 '리理' 자를 알기 어렵기 때문일 뿐입니다. 이른바 '리' 자를 알기 어렵다고 한 것은 대략 알기가 어렵다는 것이 아니라 참으로 알고 신묘하게 깨달아 궁극에까지 도달하기가 어렵다는 말입니다. 만약 능히 뭇 이치를 궁구하여 궁극에까지 도달하면 이 물사物事가 지극히 허虛하면서도 지극히 실實하고 지극히 무無하면서도 지극히 유有하며, 동動하면서도 동이 없고 정靜하면서도 정이 없는 정결淨潔한 것으로서 털끝만큼도 첨가할 수 없고 털끝만큼도 감손減損할 수 없어, 음양오행과 만물만사萬物萬事의 근본이 되면서도 음양오행과 만물만사의 범주 안에 있는 것도 아니라는 것을 통찰할 수 있을 것입니다. 어찌 기氣를 섞어 일체一體로 인식하여 일물一物로 간주할 수 있겠습니까.[37]

일재와 기대승 간의 태극논변에 대한 비평이 촉매제가 되어 이 일단一段의 유명한 논서論書가 나왔다는 것은 한국성리학사에 기록될 만한 일이라고 본다. 이것은 비판의 글이기에 앞서 이황 자신의 주리철학을 압축적으로 잘 보여준 것이라 하겠다. 이황의 이 비판은 후대에 영향력이 컸다. 이후 리기일물설, 리기일체설이 거의 자취를 감춘 것은 이 때문이라고 해도 과언은 아니다.

리와 기는 불상리不相離·불상잡不相雜의 관계에 있다. 이것이 성리학의 대명제다. 그러나 학자에 따라 불상리 또는 불상잡의 관점에서 보기도 한다. 이황은 주로 불상잡의 관점에서, 일재는 불상리의 관점에서 리기 관계를 설명하였다. 이것은 그들 개인의 취향이자 사상, 철학과도 관련이 있다. 여기까지는 문제될 것이 없다. 그러나 리기가 일물이냐 이물이냐의 문제는 차원이 다르다. 불상리와 불상잡의 양면성이 있는 리기 관계를 일물 또는 이물로 규정하는 것 자체가 무리다. 일재는 리기관계를 '혼연일물渾然一物' 또는 '혼시일물渾是一物'로 정의하였다. 이런 정의는 조선성리학사에서 다시 찾아보기 어렵다. 그러다보니 비판을 받지 않을 수 없었던 것이다. 필자는 일재가 남언경에게 보낸 서한 내용에 주목한다.

고금의 학자가 리와 기를 간혹 너무 나누어 둘로 여기고 너무 합쳐서 하나로 여겨서, 하나이면서 둘이고 둘이면서 하나인 것을 도무지 모릅니다. 여기에는 다른 이유가 없습니다. 학문의 공정에서 거

---

37 『퇴계문집』 권16, 46b, 「答奇明彦 別紙」 참조.

경과 궁리를 하되 정미함을 극진히 하지 못해서인 것입니다.[38]

언제 보낸 서한인지는 알 수 없다. 다만 전후 사정으로 미루어 일재의 만년 정론이라고 생각된다. 일재 역시 결국 불상리, 불상잡으로 리기 관계를 설명한 것이다. 이를 볼 때, '혼연일물', '혼시일물'이라는 과도한 표현으로 비판을 받은 것은 일재가 자초한 면이 크다. '혼연'이란 '완전히'란 의미다. 리와 기가 완전히 하나라고 한다면 그에 승복할 성리학자가 몇이나 될 것인가?

3) '경약徑約' 일변一邊에 대한 비판

일재가 이황과 기대승에게 비판 받은 내용 가운데 '경약徑約'에 관한 것은 학문 방법과 관련된 것이다. 단순히 방법상의 차이를 지적한 정도가 아니다. 성리설에 대한 비판보다 더 근본적인 문제인 것이다.

일재는 애초 무인武人으로 발신發身했다가 사십이 넘어서 유학으로 돌아왔다. 늦은 나이에 학문을 시작한 까닭에 정력이 분산되는 것을 가장 염려하였다. 그가 이론적 박식함을 피하고 거경궁리를 통해 자득의 경지를 추구한 것은 이런 이유에서다. 일재는 일찍이 도봉산道峯山 망월암望月菴에 들어가 밤낮으로 궁리와 사색에 몰두하여 마침내 한 경지에 올랐다고 한다. 불가에서 선

---

38 『일재집』, 19a,「答南時甫書」"古今學者, 理與氣, 或太分而爲二, 或太合而爲一. 殊不知一而二, 二而一焉. 此無他故也, 學問之功, 未能居敬窮理而盡精微也."

정禪定 끝에 얻어지는 '정력定力'을 연상하게 한다. 그가 불가에서의 용진勇進(勇猛精進)이란 말을 자주 쓰는 것도 예사로 보이지는 않는다.

일재는 여러 학자들과 교유하면서 '거경궁리를 통해 정미함을 극진히 하는 것居敬窮理而盡精微'을 늘 강조하였다. 일재의 공부와 학문은 '광대함을 이루는 것致廣大'은 놓아두고 '정미함을 다하는 것盡精微'만을 추구하는 것이었다. 그러나 이런 학문 방법은 자칫 불가에서의 선학禪學과 같은 방향으로 빠질 염려가 없지 않다. 또 자신이 '진정미'의 경지에 올랐다고 확신하는 경우 학문적 독선과 자만에 빠질 우려가 있다. 이황과 기대승의 비판 속에는 이런 시각과 인식이 깔려 있다.

앞서 말한 바와 같이 일재는 '도를 아는 사람이 아니면 누가 이를 알겠는가'라고 하는 등의 표현을 통해 강한 자부심을 드러냈다.[39] 또한 아끼는 후배 학인들을 추장推奬하면서 "도를 아는 자가 아니라면 누가 이와 같을 수 있겠는가"[40]라고도 하였다. 자기의 자부심을 드러내거나 남을 칭찬할 때 쓰는 말이니 어찌 보면 상투어일 수도 있다. 그럼에도 이황이나 기대승에게는 이런 표현들이 부정적으로 인식되었다. 이밖에도 일재의 자부심 넘치는 표현들이 더 있다.

---

39 이것은 『近思錄』 권1, 道體類에서 "동정은 끝이 없고 음양은 시작이 없나니, 도를 아는 자가 아니라면 누가 이런 이치를 제대로 알겠는가"(動靜無端, 陰陽無始, 非知道者, 孰能識之)라고 한 程伊川의 말에서 비롯되었다.
40 『일재집』, 16a, 「與盧寡悔 癸亥」"聞君太極陰陽之說, 四端七情之論, 非知道者, 孰能若是? 不勝嘆美."

이것은 전현前賢이 밝히지 못한 바로서, 내가 스스로 터득한 말이다. 대충 보지 말고 다시 헤아리고 신중히 생각하라!⁴¹

…… 여기에 통달하지 못하면 그 나머지는 볼만한 것이 없다.⁴²

일재의 문장에는 행간의 여유가 없다. 우회迂廻가 없고 단촉短促하다. 단정적인 표현이 많다. 완곡하면서도 할 말을 다 하는 태도와는 거리가 있다. 필자는 일재가 비판을 받는 이유 가운데 하나는 글쓰기와 관련이 있다고 생각한다.

이황은 일재의 사고가 한쪽에 치우쳐 있음을 비판하여 마지 않았다. 일재가 '경약' 일변에 떨어져 도리어 박학에 힘쓰는 것을 나무람을 큰 병통이라고 하였다. 경약이란 박문博文을 통하지 않고 약례約禮의 지름길로 가는 것을 말한다. '염약斂約'이나 '경약經約'이 아닌 '경약徑約'이란 표현, 즉 '경徑'(지름길) 자의 이면에서 일재의 학문을 불가에서의 돈오頓悟에 견주려는 의도를 엿볼 수 있다. 그러나 이황은 그런 내색을 하지 않고 "일재는 염약에, 기대승은 박학에 치중하니 두 사람이 편벽된 것을 바로잡아야 '두 가지를 함께 닦았다交修'고 할 수 있다"고 하였다.⁴³ 일재의 단점을 빌어 기대승의 단점까지 비판하고, 아울러 일재에 대한

---

41 『일재집』, 17b, 「與盧君書」 "此前賢之所未發, 而某之自得之言. 須勿以泛觀, 而更商愼思."
42 『일재집』, 15b, 「與盧寡悔書」 "……此道之大原, 而聖學之祖也. 於斯未達, 則其餘不足觀也."; 『일재집』, 17b, 「與盧君書」 "…… 此聖學之祖, 道理之根本. 於斯未達, 則不足觀也."
43 『퇴계문집』 권16, 47b, 「答奇明彦 別紙」 "以滉觀之, 一齋之據徑約一邊, 而譏誚務博, 固爲大病. 若吾友之學, 似不免鶩於該博, 而忽於斂約, 如何如何?"

자신의 비판 일변도의 강한 이미지를 희석시키는 고도의 논법을 구사한 것이다.

4) '심선동心先動'에 대한 비판

일재는 당시 학계에서 논란이 있었던 '성선동性先動 심선동心先動'의 문제에 대해서도 언급한 바 있다. 문제는 초당草堂 허엽許曄이 일재에게 성性이 먼저 동하는지 심心이 먼저 동하는지에 대하여 물은 데서 발단하였다. 당시 이 문제를 놓고 선유들 사이에서 논란이 있었던 모양이다. 규암圭庵 송인수宋麟壽는 "성이 먼저 발한다" 하고, 회재晦齋 이언적李彦迪은 "성은 먼저 발하기도 하고 뒤에 발하기도 한다"고 하였다. 일재가 허엽에게 보낸 답서의 내용은 다음 몇 가지로 요약할 수 있다.

① 심·성과 리·기는 혼연한 일체이지만, 옛날 학문하는 사람들이 혹은 나누어 말하기도 하고 선후를 구분하여 말하기도 하였다.
② 송인수·이언적의 설은 이를 따라 섞어서 말함으로써 사람들에게 선후의 분별을 모르게 하였다.
③ 주자가 말하기를 "애연藹然한 사단이 느낌을 따라 나타난다藹然四端, 隨感而見"고 하였고, 주석하는 이는 "느낀다는 것은 밖에서 안으로 동動하는 것이며, 나타난다는 것은 안에서 밖으로 드러나는 것이다"고 하였다. 대개 '감感'은 마음이 느끼는 것이며 '현見'은 성性이 발하는 것이다. 이것으로 본다면 심이

먼저 동하는 것이 분명하다. '성이 발하여 정이 되고性發爲情, 심이 발하여 의가 된다心發爲意'는 성리학의 기본 전제에 구애되어 성이 먼저 동한다고 함은 잘못이다.[44]

일재의 기본 관점은 '심성일체心性一體', '리기일체理氣一體'다. 다만 경우에 따라 양자의 분별과 선후를 인정한다. 일재는 위와 같이 주자의 말을 인용하여 심선동을 주장하였다. 평소 '자득'을 말하는 그였지만, 이 문제에서는 주자의 말로써 결론을 내렸다. 그러나 주자의 말을 폭넓게 검토하지 않고 자신의 논리에 뒷받침이 될 만한 말만 인용하였다. 일재의 설에는 '심성일체'라는 기본 관점이 강하게 깔려 있다. 그러다보니 심선동 주장과의 논리적 일관성 여부가 문제로 지적될 법하다. 또 편의적으로 주자의 말을 인용했다는 비판에서 자유로울 수는 없었다.

일재의 이 답서는 이황의 문인들에게도 알려졌다. 이를 계기로 이황에게 심성의 선동先動과 관련하여 질문이 있었던 것 같다. 이황은 문인 김취려金就礪에게 보낸 답서에서 자신의 견해를 표명하였다. 그는 일재의 설이 지닌 논리적 모순을 지적하면서, '동하는 곳動處'과 '동하게 하는 것動底'[45]으로 나누어 문제를 정리하였다.

① '심성心性의 혼연한 일체'를 말하면서 '심이 먼저 동한다'고 함

---

44 『일재집』, 11a-11b, 「答許參議(曄)書」 "心性與理氣, 渾是一物. …… 古今學者不達此理, 或謂性先動於心. 此必狃於以性發而爲情, 心發而爲意爲主而差了."
45 『주자어류』권5, 〈性理 二〉 5:49 "問心之動性之動. 曰: 動處是心, 動底是性."

은 이해하기 어렵다.

② "느끼는 것은 심이 느끼는 것이요 나타나는 것은 성이 발하는 것"이라고 한다면, 심과 성이 상대하여 두 개가 되는 셈이다. 감발感發의 즈음에는 선후를 논할 수 없다고 본다.

③ 주자가 말하기를 "동하는 곳動處은 심이며 동하게 하는 근저動底는 성이다"고 하였다. '처處'와 '저底' 두 글자를 투철하게 체인할 필요가 있다. 심은 성이 아니면 동할 수 없으니 심이 먼저 동한다고 할 수 없다. 성은 심이 아니면 홀로 동할 수 없으니 성이 먼저 동한다고 할 수 없다. 이 문제에 대한 선유들의 견해는 이 정도에 불과할 뿐이다.

④ 송인수·이언적 두 분도 주자의 '처處'자와 '저底'자에 대한 설명을 보지 못하였기 때문에 억지로 선과 후를 나누려 한 것이라고 본다.[46]

이황은 일재의 이 설명이 다른 설명에 비해 조금 자세하다고 하면서도 "선후를 나눌 수 없는 대목에서는 그가 제대로 잘 보지 못했다"[47]고 단언하였다. '조금 자세하다稍細'는 말은 '그래도 좀 낫다'는 말과 다르지 않다. 일재의 여타 견해들을 경시하는 듯한 뉘앙스다.

이황의 견해는 논리적 일관성이 있다. 다만 일재를 비판하는

---

46 『퇴계문집』 권29, 18a-19b, 「答金而精」 "竊疑心性與理氣渾是一物, 是非之論, 先儒之說已定. ……"
47 『퇴계문집』 권29, 19a, 「答金而精」 "一齋此說, 比他說稍細, 然其不可分先後處, 他未能見破耳."

과정에서 입론立論의 취지를 오해한 측면이 있다. 일재는 심성혼연일체를 자신의 정론定論이라 하면서도 경우에 따라 나누어보거나 선후를 가릴 수 있다고 전제하였다. 그럼에도 이황은 이를 논리적 모순으로 몰았다. 또 일재가 인용한 주자의 말이 어떤 배경에서 나왔으며, 그 주석은 옳은 것인지에 대한 설명은 하지 않고, 또 다른 주자의 말을 빌어 심성에 선후가 없음을 증명하려 하였다. 주자의 말을 가지고 주자의 말을 비판한以朱子攻朱子 셈이다.

　필자는 일재가 심성혼연일체의 설을 가지고 심선동의 문제에 접근했더라면 논리적 일관성을 유지할 수 있었다고 본다. 평소 리와 기, 심과 성을 나누어보는 쪽에 주안主眼을 두었던 이황은 심성의 선후를 말할 수 없다는 결론을 내고, 늘 혼연일체를 말하던 일재는 심의 선동을 말하였다. 어찌보면 이 문제에서는 양현의 입장이 서로 바뀐 듯한 느낌이다.

5) '비은설費隱說'에 대한 비판

　일재는 『중용』에서 말하는 비費와 은隱을 형이상, 형이하로 갈라 보려는 남언경의 견해를 비판하고 "'비'는 기에 속하고 '은'은 리를 주로 한다. 리기는 두 가지이기는 하지만 그 본체는 하나다. 둘로 하는 것은 옳지 않다"[48]고 한 바 있다. 그러면서 형이

---

[48] 『일재집』, 18a, 「答南時甫書」 "蓋費者屬乎氣, 隱者主於理. 理氣雖是二物, 而其體則一也. 二之則不是. …… 此無他故也. 學問之功, 未能居敬窮理而盡精微也."

상과 형이하를 나누어보려는 것에 대해 "거경궁리함에 정미를 극진히 하지 못했기 때문이라"고 하였다. 이에 대해 이황의 문인 우성전禹性傳이 찬동의 의사를 표하면서 이황에게 견해를 물었다.

> 대개 학자들이 형이상·형이하에 있어서 매양 나누어 둘로 하려는 것은, 다만 일상의 사물이 형이하가 되는 것만 알고 일상의 사물속에 또 이른바 형이상을 포함하여 그 안에 있는 것을 보지 못합니다. 그러므로 형이상의 것을 심원하고 황홀한 곳에서 탐구하려 합니다. 이 역시 거경궁리함에 정미를 극진히 하지 못해서라고 할 수 있습니다.[49]

형이상·형이하로 나누어 보는 것은 본디 허엽이 주장하던 바였다. 이에 대해 기대승과 정유일鄭惟一 등은 불가하다고 하였고, 이황 역시 '비'를 형이하로 볼 수 없다는 견해를 표하였다. 그 요지를 간추리면 다음과 같다.

① '비'와 '은'을 형이상·형이하로 말하는 것은 이치에 가까운 점이 있기 때문에 주자朱子 문하에서도 이런 주장이 있었다.
② '비'와 '은'은 군자의 도를 말한 것이다. 이미 도라고 했으면 형이하로 볼 수 없다. '비'와 '은'은 물物과 리理의 상대적인

---

49 『퇴계문집』 권32, 13a, 「禹景善問目」 "大抵學者, 於形而上下, 每欲分而二之者, 只見得日用事物爲形而下, 而不見得日用事物之間, 又包所謂形而上在裏面. 故將形而上者. 求之於幽深怳惚之地. 此亦可謂未能居敬窮理而盡精微也. 如何?"

것으로 설명하는가 하면 리로 보는以理言之 경우도 있다. 나의 관점은 후자다.

③ 일재의 설은 들쭉날쭉하여 다른 사람이 그 내용을 종잡을 수 없게 한다. 만일 그대의 말대로 형이상·형이하를 합쳐서 한 덩어리의 것一團物事으로 만들어 말하고자 한다면, 이것은 곧 구산양씨龜山楊氏의 이른바 "어딜 가든 도 아닌 것이 없다無適非道"는 격이 된다. 물物을 가리켜 도라 하는 병폐에 빠질 것이다.[50]

비를 형이하로 보는 것은 반대하지만, 그렇다고 형이상·형이하의 분별에 어두워서는 안 된다는 것이다. 형이상하를 뭉뚱그려 볼 경우 선가禪家에서 이른바 '일체 현상(행동)이 곧 성이다作用是性'는 폐단에 빠져, 못하는 짓이 없게 될 것이라고 비판하였다.

6) '인심도심체용설人心道心體用說'에 대한 일재의 비판과 이황의 견해

끝으로, 일재가 명나라 유학자 정암整庵 나흠순羅欽順(1465~1547)의 학설을 비판한 것에 대하여 고찰하기로 한다. 『곤지기困知記』의 찬자로 유명한 나흠순은 "리는 모름지기 기를 통해 인취認取해야 한다. 그러나 기를 리로 아는 것은 옳지 않다. 이 곳 사이

---

[50] 『퇴계문집』 권32, 13a-13b, 「禹景善問目」 "費隱, 以形而上下爲言, 亦有近似者, 故朱門亦有此說. ……"

에는 터럭 하나의 틈도 용납하지 않는다. 가장 말하기 어려운 부분이다"[51]고 하였다. 나흠순은 리를 기에 내재한 법칙성 정도로 이해하였다.[52] 또한 도심은 미발未發의 체體로서 성성이며 인심은 이발已發의 용用으로서 정情이라고 주장하였다.[53] 이른바 인심도심체용설이 그것이다. 이는 정주程朱의 설과는 사뭇 다르다. 정주는 도심이나 인심을 모두 정情으로 본다. 순선순리純善純理의 도심 역시 '성'이 아니고 '정'이다.

나흠순의 학설은 기존의 통설과 달리 참신성이 있는데다가 문장 역시 뛰어났으므로 조선의 학자들을 매료시키기에 족하였다. 이에 노수신盧守愼을 비롯한 일부 학자들이 그의 학설을 수용하였다. 그러나 많은 학자들이 나흠순의 학설이 정주의 설과 배치된 것이라 하여 비판, 배척하고 나섬으로써, 조선 성리학계에 상당한 파문이 일었다.[54]

나흠순 학설을 비판하는 데 선봉에 선 인물은 역시 이황이었다. 이황·노수신·김인후 사이에서 그 문제로 논변이 있었다.

---

51 『困知記』 권하, 제35칙 "理須就氣上認取. 然認氣爲理, 便不是. 此處間不容髮, 最爲難言. 要在人善觀而黙識之. 只就氣認理, 與認氣爲理, 兩言明有分別. 若於此看不透, 多說亦無用也."
52 『곤지기』 권상, 제11칙 "蓋通天地, 亘古今, 無非一氣而已. 氣本一也, 而一動一靜, 一往一來, 一闔一闢, 一升一降, 循環無已. …… 千條萬緒, 紛紜膠輵, 而卒不克亂, 有莫知其所以然而然, 是卽所謂理也. 初非別有一物依於氣而立, 附於氣而行也."; 『곤지기』 續卷上, 제38칙 "理只是氣之理. 當於氣之轉折處觀之, 往而來, 來而往, 便是轉折處也. 夫往而不能不來, 來而不能不往, 有莫知其所以然而然. 若有一物主宰乎其間而使之然者, 此理之所以名也. …… 愚故曰: 理須就氣上認取, 然認氣爲理便不是, 此言殆不可易哉."
53 『곤지기』 권상, 제4칙 "道心性也, 人心情也. 心一也, 而兩言之者, 動靜之分, 體用之別也."; 同 제3칙 "道心, 寂然不動者也, 至靜之體不可見, 故微. 人心, 感而遂通者也, 至變之用不可測, 故危."
54 『困知記』가 조선 성리학계에 끼친 영향에 대해서는 최영성, 『한국유학통사』 상권, 심산출판사, 2006, 682~689쪽 참조.

노수신은 양쪽으로부터 비판을 받았다. 이황은 나흠순의 학설을
'리기는 둘이 아니다理氣非二'로 정의하였으며, 마침내 리기일물설
로 보아 「비리기위일물변증非理氣爲一物辯證」[55]이란 글을 발표했다.
그러나 나흠순이 리기를 일물이라고 한 적은 없다. 나흠순의 기
본 관점은 아마도 '리기혼융무간理氣渾融無間' 정도로 이해하는 것
이 온당할 것이다. 나흠순의 설을 리기일물설로 단정한 것은 이
황의 오해일 수 있고, 나흠순이 오해의 소지를 제공한 측면도
있다. 나흠순은 도심과 인심을 체용으로 보고 각각 '성'과 '정'으
로 규정하였다. 이것은 기실 '리기묘융理氣妙融'을 염두에 둔 것이
라 할 수 있다. 심성과 리기를 보는 관점은 일재와 비교적 가깝
다. 어느 면에서는 일재가 나흠순의 설에서 영향을 받았다고 생
각할 수도 있다.

나흠순은 도심을 적연부동한 것이고 지정至靜한 체로 보았다.
적연부동한 것이기 때문에 '도심유미道心惟微'란 말이 나왔다는
것이다. 그런데 '미微'란 움직임이 은미하다는 것이지 움직임이
없다는 말이 아니다. 일재는 나흠순의 논리를 인정할 수 없었
다. '용'을 체로 삼고以用爲體, '동'을 '정'으로 삼을以動爲靜 수는 없
기 때문이다.[56] 이에 대한 일재의 비판은 논리적이었다. 이후 여
러 학자들이 나흠순의 인심도심체용설을 비판하였지만, 일재의
이 논리에서 벗어나지 않았다. 이황이 일재의 비판에 비평을 가
하지 않는 것은 사실상 일재 논리를 인정한 것이라 할 수 있다.

---

55 『퇴계문집』 권41 참조.
56 『일재집』 15a, 「與盧寡悔書」 "整菴曰: 道心, 體也, 至靜之體不可見, 故曰微. 人心, 用也,
至變之用不可測, 故曰危. 此以用爲體, 以動爲靜, 誠可笑也. ……"

그런데 일재가 나흠순의 설을 비판하면서 "요순堯舜은 인심人心이 없었다. 상지上智는 생지生知의 다음이고 우禹와 안자顔子는 성인보다 한 등급 아래였기 때문에 인심이 있었다. 그러므로 요가 순에게 전수傳授할 때에는 '윤집궐중允執厥中'이라고만 하고 인심·도심의 설을 언급하지 않았는데, 순이 우에게 전수할 적에 인심·도심 운운한 것은 우에게 인심이 있음을 면하지 못하였기 때문이다"고 한 대목은 문제가 되었던 것 같다. 기대승은 이황에게 보낸 서한에서 "크게 한숨지을 만하다. 그렇지만 깊이 분변해야 할 만한 가치도 없는 것 같다"[57]고 자신의 속내를 털어놓았다. 이에 대한 이황의 비평은 없다. 비평할 가치가 없다고 생각했음일까?

기대승이 일재의 말이라고 하면서 인용한 대목은 『일재집』에서 찾을 수 없다. 문집이 중간에 훼손되면서 망실된 것인지, 아니면 기대승이 전문傳聞의 착오를 일으킨 것인지는 자세히 알 수 없다. 다만 위의 말대로라면 시비가 없을 수 없다. 성리학에서는 비록 범인이라도 도심이 없을 수 없고雖凡人不能無道心, 비록 성인이라도 인심이 없을 수 없다雖聖人不能無人心고 한다. 일재가 이 대전제를 넘어서 위와 같이 말했다고 보기는 어렵다. 혹여 일재가 "요순에게는 선악이 갈리는 의기意幾가 없고, 우에게는 약간의 기미가 있었다"[58]고 한 말이 잘못 전해진 것은 아닐까? 이 또

---

57 『양선생 왕복서』 권2, 18b, 「先生前上狀」 "蓋一齋以堯舜爲無人心, 堯授舜, 不及人心道心之說, 舜授禹乃云云. 以禹不免有人心故也云云. 凡此數條, 未知何等說話耶. 可爲太息. 然亦不必深辨也."

58 『일재집』 17a, 「與盧君書」 "夫堯舜生知之聖, 無意幾, 故堯之授舜, 只以允執厥中. 而禹反之之聖, 些小有幾, 故舜之授禹, 以人心惟危, 道心惟微, 惟精惟一, 允執厥中."

한 시빗거리가 될 수 있다고 본다.

5. 맺음말

　일재는 무업武業에서 진로를 바꾸느라고 늦게 학문을 시작하였다. 만학晩學인 까닭에 박학보다도 집중에 힘쓸 수밖에 없었다. 그는 거경과 궁리를 통해 '진정미盡精微'의 경지를 추구하였다. 사색과 체인體認이 그의 주된 공부법이었다. 그는 옛사람의 말을 믿고 따르는 것을 중시하는 의양지미依樣之味보다는 스스로 공부하여 터득하는 자득지미自得之味를 선호하였다.

　일재는 본디 천리踐履의 독실함으로 세상에 이름이 났고 남도의 거유巨儒로 꼽혔다. 그는 당시 학계에서 논란이 되었던 성리학의 제문제에 대해서도 자신의 견해를 분명하게 표함으로써 존재감을 드러냈다. 그는 스스로 성리학에 일가를 이루었다고 자부하였다. 당시 호남을 대표하는 학자 김인후·기대승 등과 몇 차례 왕복논변을 하였고, 왕복논변의 내용은 기대승에 의해 퇴계 이황에게 알려져 학계의 주목을 받게 되었다. 그의 학설이 주목을 받은 것은 이황과 그의 문인, 또는 서경덕 문인들과의 교류에서 힘입은 바 크다.

　일재는 기본적으로 정주程朱의 설에 입각하여 성리학을 하면서도 '자득'을 강조하였다. 그는 '거경궁리를 하여 진정미의 경지에 도달해야 한다'고 입버릇처럼 말하였다. 이것은 기실 자득을 염두에 둔 것이었다. 그의 성리학 관계 글에서는 '체인體認'

두 글자가 두드러져 보인다. 필치와 논리가 '세련됨', '정밀함'과는 거리가 있다. 그는 자신이 사색과 궁리를 통해 얻은 내용을 간결하게 요약하였다. 설명에 인색한 부분이 있다. 결론은 짧은 법이지만, 결론에 이르기 위한 설명까지도 짧아야 좋은 것은 아니다. 그 점에서 아쉬운 점이 있다.

일재는 '진정미'의 체험을 통해 얻은 견해에 지나칠 정도로 자부심을 부여함으로써 겸손치 못하다는 인상을 심어주었다. 남의 입언의 취지를 전후로 잘 살피지 않고 자신과 견해가 다를 경우 비판을 늦추지 않았다. 반면에 남의 비판을 겸허한 자세로 받아들이지 않았다. 이런 약점들은 공부를 늦게 시작한데다가 사실상 스승 없이 혼자서 하였고, 특히 정력을 집중하기 위해 박博보다 약約에 치중한 데서 온 것이라 할 수 있다. 당시 많은 학자들은 겉으로 내색은 하지 않았지만 일재가 무인 출신이라는 점을 의식하였다. 그의 태도를 지켜보았다. 일재가 이런 점을 고려하여 좀더 겸손한 태도를 보였더라면 학계의 평은 달라졌을 수 있음직하다.

기대승은 일재의 성리학 수준을 높게 평가하지 않았다. 얕잡아 본 듯한 일면도 없지 않다. 이황에 대해 존경의 염을 최고로 표한 것과는 차이가 많다. 이황은 일재의 학문 태도, 방법 등을 먼저 문제 삼으며 병통이 많다고 하였다. 성리학 역시 공을 들여 공부하지 않고, 자기 견해에 부합하는 내용만 이끌어 '천하의 이치가 여기서 벗어나지 않는다'고 자부함을 비판하였다. 실제로 일재는 필요에 따라 정주의 설을 인용하기도 하고 자득을 강조하기도 하는 등 일관성 있는 모습을 보여주지 못하였다. 이황의 비판은 일재가 자초한 면이 없지 않다. 이황의 비판은 여러 학자들에게 공감을 얻었다. 비판에 타당성이 있다고 보았기 때문이다.

  필자는 한국성리학사에서 일재의 위치를 '과도기'에 놓고 평가하고 싶다. 연치年齒로 보면 이황과 비슷하지만 성리학의 난숙도의 측면에서는 한 세대 앞선 시기의 성리학적 사고를 보였다. 성리학에서의 그의 관심은 주로 리기론에 집중되어 있고, 기를 통해서 리를 인식해 들어가는 '기상언지氣上言之'의 방법에서 벗어나 있지 않다. 그의 리기일물설은 기중시적 경향을 보였다. 나흠순의 리기혼융무간설에서 큰 영향을 받았을 것으로 짐작한다.[59] 화담 서경덕의 기론氣論에서도 적지 않은 영향을 받았을 것이다. 그의 성리설은 조선 성리학의 발전 과정에서 '과도기적 단계'를 보여주었다는데 의미가 있다. 특히 '리기불상리'의 측면을 확고하게 부각시켰다는 점에서 기대승과 율곡 이이 등으로 이어지는 일련의 학맥에 선구적 구실을 했다고 평가할 수 있다. 다만 그의 리기일물설은 조선조 성리학자들의 리기론에서 가장 극단에 선 것이다.[60] 그런 만큼 비판이 많았다. 그러나 비판의 논리도 중요하지만, 그에 담긴 의취를 읽어내는 일이 더 중요하다고 본다. 앞으로, 일재一齋 연구 학자들은 이 점에 좀 더 깊은 관심을 기울여야 한다고 생각한다. 이것이 본고를 마치는 필자의 소회다.

---

59 이것은 일재가 나흠순의 인심도심체용설을 비판한 것과는 맥락이 다르다.
60 기일원론적 관점을 지닌 학자들의 설은 일재의 설과는 차원이 다르다.

참고문헌

『일재집』,『퇴계문집』
『국역 고봉집』1-4, 민족문화추진회, 1988.

최영성,『한국유학통사』상권, 심산출판사, 2006.
_____,「일재 이항의 학문 경향과 특성」,『전통문화논총』5, 한국전통문화대학교, 2007.

논평

「일재―齋의 학문과 사상에 대한 퇴계 이황의 평가 : 성리설을 중심으로」를 읽고

이형성 ‖ 서강대학교 강사

　일재―齋 이항李恒(1499~1576)은 젊어서 호방하고 남다른 무용武勇이 있어 문文보다 무武에 힘쓰다가 30세 때 훈도를 받은 이후, 수년 동안 독학하여 깨달은 바 있었다. 그후 벼슬에 나가지 않고 전라도 태인으로 내려가 자경自耕하면서 자신을 위하는 학문爲己之學에 힘썼다. 16세기 조선 성리학이 철학적으로 심화되어 갈 무렵에는 향리에서 김인후金麟厚(1510~1560), 노수신盧守愼(1515~1590), 기대승奇大升(1527~1572) 등과 교유하며 학문의 폭을 넓혀 갔다.

　오늘 발표하신 최영성 선생(이하 필자)의 논문 「一齋의 학문과 사상에 대한 퇴계 이황의 평가 : 성리설을 중심으로」은 이항의 입체적 연구를 통해 그의 학문과 사상을 분명하게 드러내고자 한 노력이 매우 돋보이고 또한 이항에 대한 연구의 폭을 진일보 넓혀 주었다는 점에서 시사하는 바 많다. 이러한 노력은 필자가 오랫동안 조선유학을 연찬하여 『조선유학통사』를 저술하고 또 수많은 연구 논문 발표를 통한 학문적 안목이 크게 작용하지 않았나 생각하는 바이다. 필자의 노고에 진심으로 치하를 드린다.

　논평자는 필자의 논문을 일별―瞥하며 그 구성이 "1. 머리말", "2. 일재에 대한 후학들의 평가", "3. 기대승과의 리기논변", "4.

퇴계 이황의 비판; '1) 학문 태도에 대한 비판', '2) 리기일물설에 대한 비판', '3) '경약徑約' 일변一邊에 대한 비판', '4) 심선동心先動에 대한 비판', '5) 비은설費隱說에 대한 비판', '6) 인심도심체용설에 대한 일재의 비판과 이황의 견해'", "5. 맺음말" 등으로 이루어졌음을 살펴보았다. 여러 자료에 의한 필자의 논지전개나 논증방식이 일관되고 있어 질의할 내용은 특별히 보이지 않는다. 다만 필자의 논문을 이해하는 데 있어 그저 몇 가지 질문하는 것으로써 논평자의 임무를 다하고자 한다.

첫째, 기대승과 리기논변 그리고 퇴계일물설에 대한 비판을 아울러 살펴보면, 특별히 질의할 내용이 드러나지 않는다. 다만 하나의 질문을 덧붙이면, 리理와 기氣의 불상리不相離의 측면에서 일물一物로 여기고, 불상잡不相雜의 측면에서 이물二物로 여기는 사유양식을 보면, 이론과 실천적 차이가 있는지요?

둘째, "3) '경약徑約' 일변一邊에 대한 비판"에서 "'염약斂約'이나 '경약經約'이 아닌 '경약徑約'이란 표현, 즉 '경徑'(지름길) 자의 이면에서 일재의 학문을 불가에서의 돈오頓悟에 견주려는 의도를 엿볼 수 있다."고 하였는데, 이항의 돈오적 학문경향을 조금 더 이해를 위해 구체적으로 설명해 줄 수 있는지요?

셋째, "4. 심선동心先動에 대한 비판"에서 『주자어류』의 "動處是心動處是心, 動底是性"에 대한 '처'와 '저'의 번역문제는 어려운 문제이다. 일반적으로 번역하면 "움직이는 곳은 마음이고 움직이는 것은 성이다"이다. 그런데 필자는 이에 대해 "그(이황)는 일재의 설이 지닌 논리적 모순을 지적하면서, '동하는 곳動處'과

'동하게 하는 것動底'으로 나누어 문제를 정리하였다."고 하였다. 여기서 '동하는 곳動處'에 대한 어구는 이해할 수 있는 부분이다. 그러너데 후자인 '동하게 하는 것動底'은 사역의 의미가 있다. 이황이 그렇게 보는 것인지 아니면 필자의 의견인지요?

넷째,『중용』에서 '費隱章'은 매우 어려운 장이다. 필자가 이황의 '비의'에 대한 견지를 이끌어 이항의 '비은' 사상을 조망하고자 한 것은 이항의 사상을 한층 돗보이게 하였다. 왜냐하면 연구자들이 이 부분을 뚜렷하게 다루지 않았기 때문이다. 질문을 드리면, 왜 이항은 리와 기를 일물로 보듯이 '비費'와 '은隱'을 '한 덩어리의 것―團物事'으로 간주하려고 하였는지요? 그리고 그렇게 간주하였을 때 실천과 어떠한 연관이 있는지요?

다섯째, 홍직필洪直弼은 "嶺南之學, 又有晦齋·南冥·寒岡·旅軒·愚伏, 其盛也. 湖南之學,河西·高峯·一齋·隱峯·遜齋, 最著焉"(『梅山文集』 卷19,「答林來卿(宗七○丁酉)」에서 영남과 호남의 5학學을 설명한 바 있다. 여기서 '學'이란 어떠한 양상에서 하는 말인지요?

끝으로, 물 흐르듯 전개되는 필자의 논지에 많은 것을 배우는 동기가 되어 필자와 정읍문화원·민족문화연구소 측에 깊은 감사의 말씀을 전합니다.

제2부

일재一齋 이항李恒의 학문

일재一齋 이항李恒의 학문적 위상 확립과정과 남고서원南皐書院 ‖ 이선아
* 논평 정학섭

일재 이항의 사상·학문·이론에 관한 새로운 시각들

일재一齋 이항李恒의 학문적 위상 확립과정과 남고서원南皐書院*

이선아
전북대학교 BK21플러스 지역문화콘텐츠 융복합 전문인력양성사업단

1. 머리말

일재 이항의 문집 『일재집一齋集』에 서문을 쓴 박세채朴世采 (1631~1695)는 이항에 대하여, '몸소 밭 갈며 부모를 봉양하고 선조先祖를 받들기를 매우 완비하게 되니 향당鄕黨이 변화되었다'고 평가하였다.[1] 이항의 실천적 삶을 통해 향당이 변화되었다는 것이다. 이항이 변화시킨 향촌사회는 호남이었다. 연산군 5년 (1499)에 한양에서 태어난 이항은 그의 나이 40세에 전라도 태인 泰仁으로 낙향하여[2] 정사精舍를 세우고 '일재一齋'라고 이름짓고

---

* 이 글은 정읍문화원에서 2014년 5월에 개최한 학술대회에서 발표한 글을 수정, 보완하여 『지방사와 지방문화』제17권-2호에 게재하였음을 밝혀둔다.
1 권오영 역, 『(국역)일재선생문집』(일재선생유집서), 일재선생문집국역추진위원회, 2002, 3쪽.
2 전라도 태인에 거주하고 있는 후손 이태복씨의 구술에 의하면 이항이 태인으로 낙향한 이

"학부식만리자통學不息萬里自通"라고 스스로를 경계하면서 제자를 키우며 학문에 전념하다가 선조 9년(1576) 전라도 태인에서 생을 마쳤다.

이항이 젊은 시절에 남긴 '협객俠客 일화逸話'에서 볼 수 있듯이[3] 그는 20대 후반에서야 본격적으로 학문에 뜻을 두고 송당松堂 박영朴英를 스승으로 모시고 사서四書 공부에 힘썼다. 그는 박영의 영향으로 특히 『대학大學』에 대한 이해를 학문적 목표로 삼고 정진하였으며[4] 태인에 낙향한 이후로 김인후金麟厚, 기대승奇大升, 노수신盧守愼 등과 태극太極과 인심도심人心道心 등에 대해 토론하였다. 기대승은 자신과 이항 사이에 나눈 「태극도설太極圖說」 등에 대한 논변을 이황에게 전달하여 이항이 주장한 '이기일물설理氣一物說'에 대해 이황이 논증하기도 하였다.[5] 또한 이항은 명종 21년(1561)에는 경명행수經明行修의 선비에 성운成運, 조식曺植 등과 함께 추천되어 이름을 알리게 되었다.[6]

이항의 순일純一한 학문과 실천적 삶에 감화된 김천일金千鎰 등이 그의 문하에서 수학하였으며, 이항의 제자들은 임진왜란이 일어났을 때 의병을 일으키거나 적극적으로 후원하는 등 '창의倡義'의 삶을 실천하였다.[7] 이러한 이항의 실천적 학문은 호남의

유는 완산 최씨 어머니와 관련이 있을 것이라고 한다. 『일재선생유집』 권3, 「연보약초」.
3 오항녕, 「일재 이항의 생애와 학문-조선성리학 성립기의 한 지식인의 삶과 생각」, 『南冥學硏究』 3, 1993, 79~81쪽.
4 이항이 『대학』에 심취하게 된 것은 그의 스승인 松堂 朴英의 영향이 컸다. 권오영의 앞의 논문, 25~30쪽; 김성우, 「15세기 중·후반~16세기 道學運動」의 전개와 송당학파의 활동」, 『역사학보』 202집, 역사학회, 2009, 24쪽.
5 권오영, 「일재 이항의 생애와 성리학적 위상」, 『호남의 큰 학자 일재 이항 연구』, 민족문화연구소, 2012, 45~49쪽.
6 『명종실록』 21년(1566) 7월 19일(무신), 10월 21일(무인).

유생儒生을 통해 계승되었고, 점차 호남을 대표하는 '도학자道學 者'이자 '사표師表'로 추숭되었다. 그런데 이러한 이항의 위상은 처음부터 확고했던 것 같지는 않다.[8] 이항과 같은 시대를 살았 던 이황이나 조식이 그 문하를 중심으로 학문적, 정치적 위상이 일찍이 '공인公認'되었던 것과는 달리, 이항은 서인 노론과의 일 정한 관계 속에서 호남 유림의 후원과 지지를 받으며 '호남의 사표師表'로서의 위상을 확립해 갔다. 이에 본고에서는 『일재집一 齋集』과 『남고서원지南皐書院誌』 등을 검토하여 이항의 문집이 편 찬되는 과정과 그를 제향한 남고서원의 사액, 증시贈諡 등 호남 유림의 이항에 대한 추숭사업을 통해 그의 학문적 위상이 확립 되어가는 과정과 의미에 대해 추적하고자 한다.[9]

---

[7] 이항의 제자로 가장 널리 알려진 사람은 임진왜란 때 倡義에 앞장선 健齋 金千鎰이다. 김천일의 본관은 언양, 자는 士重, 임진왜란 때 서울이 일본군에게 함락되고 국왕이 피난 했다는 소식을 듣고, 고경명・朴光玉・崔慶會 등에게 의병을 일으킬 것을 촉구하는 글을 보냈다. 이어 5월 6일에 호남에서 가장 먼저 의병을 일으켰다. 1593년 6월 2차 진주성전 투에서 관군・의병의 지휘관인 都節制가 되어 경상우병사 최경회, 충청병사 황진 등과 함께 항전했으나, 10만에 달하는 적군의 공세로 성이 함락되자 아들 象乾과 함께 남강에 투신 자결했다. 임진왜란 이후 그는 호남의 '의리정신'의 상징이 되었다.

[8] 이항은 40세에 태인으로 낙향한 이후에 호남에 거주하였기 때문에 호남의 '寓公'이라고 평가되었다. 18세기 흥덕 출신의 실학자 황윤석은 柏溪 殷鼎和의 행장 가운데 不憂軒 丁 克仁과 一齋 이항을 '우공'이라고 거론하고 있다. 『이재유고』 20권 柏溪殷公行狀.

[9] 그동안 일재 이항에 대해서는 그의 '理氣一物說' 등 성리사상을 중심으로 철학적 연구 가 축적되어 있다. 이항 연구의 현황에 대해서는 다음 논문에 잘 정리되어 있다. 황의 동, 「일재 이항 연구의 방향과 과제」, 『호남의 큰 학자 일재 이항 연구』, 민족문화연구 소, 2002.

2. 『일재집—齋集』 편찬(1673)과 남고서원 사액賜額(1685)

이항의 문집은 네 차례에 걸쳐 간행되었다. 초간본『일재집—齋集』은 현종 14년(1673)에 목판본 1책으로, 중간본『일재집』은 영조 35년(1759)에 목판본 1책으로 간행되었다.『일재속집—齋續集』은 고종 24년(1887)에 목활자본 1책으로 간행되었고,『일재유집—齋遺集』은 석인본 4권 2책으로 1936년에 간행되었다.[10]

성균관대학교 중앙도서관에 소장된 초판본『일재집』에는 앞서 인용한 박세채가 쓴 서문이 수록되어 있다. 박세채의 서문에는『일재집』간행과 관련된 사연이 기록되어 있다. 이항의 5대손 구암龜巖 이성익李星益(1639~1672)이 생전에 이항의 유고를 수습하여 박세채에게 서문을 부탁하였는데 사양하던 차에 이성익이 요절하면서 간행이 중단되었다가 종인宗人 이준구李俊耈(1609~1676)에 의해 이성익이 정리한 이항의 유고遺稿가 다시 박세채에게 전달되었고, 박세채는 유고를 교정, 편찬하게 되었다. 박세채는 이성익이 자신에게 서문을 부탁하였던 것은 자신의 고조부 박소朴紹와 이항이 동문수학한 사이라는 인연에서 비롯된 것이라고 생각했다.[11]

이항의 5대손 이성익에 대해서는 송시열宋時烈(1607~1689)의 적전嫡傳 수암遂菴 권상하權尙夏(1641~1721)가 쓴 글에서 확인할 수 있다. 권상하와 이성익은 송시열의 문하에서 수학하면서 교유하였

---

10 『(국역)일재선생문집』해제; 한문종,「일재 이항 관련 유물 유적 및 문헌자료 조사」,『호남의 큰 학자 일재 이항 연구』, 민족문화연구소, 2012, 103~107쪽.
11 『(국역)일재선생문집—齋先生遺集』序.

던 것으로 보이는데, 그 학연으로 권상하는 숙종 36년(1710)에
이성익의 유고에 발문을 썼던 것이다. 발문에서 권상하는 이성
익에 대해 다음과 같이 평하였다.

> 구암 이익지李益之(이성익)는 일재 선생의 후손이다. 그 아우 열지說
> 之(이성열)와 함께 소년 시절부터 뛰어난 재주와 아름다운 자질이 있
> 었으므로, 그의 부친께서 태인으로부터 그들을 이끌고 서울로 들어
> 와 그들로 하여금 사우士友들 사이에서 기예技藝를 익히고 학업을 강
> 마하도록 하였다. 그래서 나는 어린 나이로 그와 사귀게 되어 그의
> 효우孝友가 뛰어남을 보았는데, 대체로 법가法家의 유풍이 있었다.
> 그는 자품이 탁월하고 밝게 트여서 조그마한 것에 뜻 두지 않았다.
> 비록 과거 공부에 부지런히 힘쓰기는 하였으나, 또한 일찍이 성현
> 의 학문에 마음을 두어 『심경』·『근사록』 등의 글에 대해서 중요
> 한 대목은 점을 찍어 표시하고 초록抄錄하여 늘 읽고 생각하여 마지
> 않으면서 항상 이 일에 크게 힘쓰지 못한 것을 한스럽게 여겼다.[12]

이항의 현손 이성익은 동생 이성열李星說(1641~?)과 함께 소년
시절부터 재주와 자질이 뛰어나서 부친 이효민李孝閔이 태인에서
서울로 데리고 와서 사우들 사이에서 학업을 강마하도록 하였
다. 그후 이성익은 이성열과 함께 현종 4년(1663) 계묘癸卯 식년
시式年試에 나란히 합격하였다.[13] 당시 이성익은 25세였고, 이성

---

12 한국고전번역원, 『寒水齋集』 제22권, 題跋, 龜菴 李益之의 유고 뒤에 씀.
13 한국학중앙연구원, 한국역대인물 종합정보시스템 검색.

열은 23세였다. 그러나 얼마되지 않아 동생 이성열이 죽자 부모님을 모시고 광주廣州에 내려가 우거하면서 학문을 연마하였다. 현종 10년(1669)에 어머니가 전염병으로 돌아가신 후 모친상을 마친 다음 해에 호우湖右(충청도)에서 객사하였다고 한다. 그 후 권상하는 이성익의 아들 이대령李大齡이 보낸 이성익의 유고를 산정刪定하여 『구암집龜巖集』의 발문을 쓰게 되었던 것이다.[14]

이성익과 권상하의 교유관계에 대해서는 간재艮齋 전우田愚(1841~1922)가 남긴 『구암집』의 서문에서도 확인된다.[15] 전우는 이성익의 6세손 이병민李秉玟의 부탁으로 1904년에 서문을 썼다. 전우는 이성익의 '신해일소辛亥一疏'와 권상하와 이성익이 주고받았던 '여수암선생서與遂菴先生書'를 살펴보고 '일세지유종一世之儒宗'이 될 자질이 있음에도 불구하고 34세의 나이로 요절한 것을 애석하게 여겼다.

송시열의 수제자였던 윤증尹拯(1629~1714)도 숙종 6년(1680)에 발문跋文을 썼다. 윤증은 이성익의 아들 이대령이 박세채가 교정하여 간행한校刊本 『일재집』 1질을 가지고 와서 발문을 부탁하였다고 했다.[16] 윤증은 『일재집』을 읽고 난 소회를 적으면서, '진실로 실천의 길을 알게 되었다眞知實踐之道'고 하였다.[17]

---

14 이성익은 詩才를 타고 나서 長篇大作이 세상에 많이 전파되어 사람들이 傳誦하였다고 한다. 『구암집』(국립중앙도서관 소장본)에 상당한 분량의 시가 수록되어 있다.
15 『구암집』에는 전우의 서문이 실려 있지는 않지만 『간재선생문집』 전편속권(4)에는 '龜巖集序'가 실려 있다.
16 『(국역)일재선생문집』 부록, 일재집발, 381~382쪽.
17 윤증은 『일재집』뿐만 아니라 金齊閔의 문집인 『鰲峰集』의 서문도 썼다. 오봉 김제민은 이항의 문인으로 임진왜란과 정유재란 당시에 활약했던 인물이다. 또한 윤증은 오봉 김제민의 손자인 鍾城府使를 지낸 菩川 金地粹의 묘갈명을 쓰기도 하였다. 뿐만 아니라 윤증의 仲父였던 尹舜擧(1596~1668)도 김제민의 묘갈명을 쓰기도 하였다. 이런 점으로 보

〈표 1〉 이항의 가계도

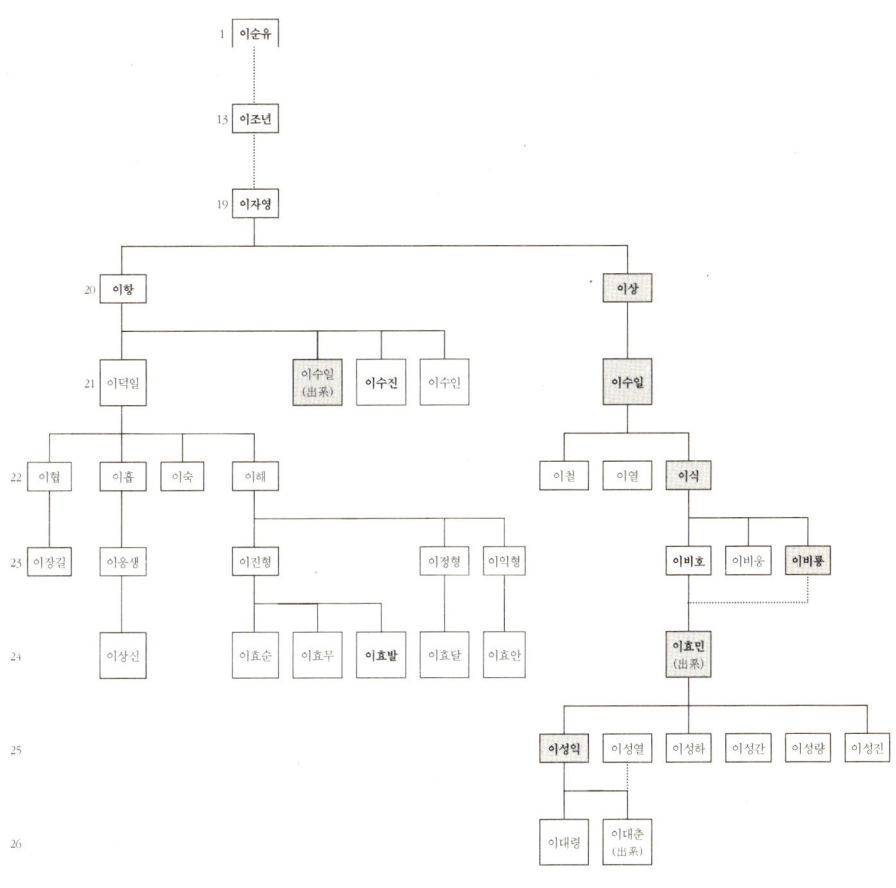

아 윤증은 이항의 문하와 교유하였을 것으로 추정된다.『명재유고』제32권 오봉집 서;
『명재유고』제37권 묘갈명 종성부사 태천 김공 묘갈명.

이항의 후손 이성익이 주도하여 『일재집』을 간행하는 과정에서 송시열, 박세채, 윤증 등 서인들과의 관계를 확인할 수 있다. 더욱이 이성익의 유고에 발문을 쓴 송시열의 적전嫡傳인 권상하와의 관계를 미루어 볼 때 이성익도 송시열의 문하에서도 일정한 위치에 있었을 것으로 생각된다. 이렇게 이항의 유고가 정리되고 문집으로 편찬되는 과정에서 송시열, 권상하, 윤증 등 서인들에 의해 이항은 호남의 도학자道學者로서의 확고한 평가를 얻게 되었다.

송시열은 발문에서

> 선생은 젊은 시절에 호용을 자부하고 강건剛健을 도구로 삼아서 간혹 협의俠義의 소굴에 접근하기도 하였다. 선생은 호용 때문에 무오년과 기묘년의 사화에 충격을 받고 방종한 데에 발을 들여놓게 되었으며, 역시 호용했기 때문에 정도正道로 바람보다 빨리 돌아와 게으리 하지 않아서 성취가 있었다. 그 강건의 도구가 능히 인내의 공효를 거두게 되었으며, 그 도道와 덕德이 성립됨에 이르러서는 남쪽 지방의 진신搢紳과 장보章甫가 울연히 스승으로 높였다.[18]

라고 하였다. 송시열이 발문에서 "도성덕립道成德立"이라고 한 표현은 일재 이항을 대표하는 상징적 표현이 될 정도였다. 윤증은 발문에서,

---

18 『송자대전』 제148권 일재집 발.

후진들과 젊은 사람들이 진실로 이항 선생의 순수하고 강인하며
　　진실하고 질박한 풍모를 배우고, 성실하고 원대하며 근실한 가르침
　　을 실천하면… 점차 성현의 경지에 이르게 될 것이다.[19]

라고 하였다. 이러한 서인들과의 관계는 경신환국(1680) 이후 서인정권이 성립되었을 때 이항을 배향한 서원이 사액서원賜額書院이 되는 중요한 인연이 되었다.

이항이 사망한 이듬해인 선조 10년(1577)에 그를 배향한 서원은 선조 10년(1577)에 후학들의 주도로 건립되었다. 특히 임진왜란 때에 전공을 세운 창의사倡義使 김천일金千鎰이 주도하였을 것으로 생각된다. 김천일은 명종 5년(1555) 그의 나이 19세에 이항의 문하에 들어가 수학하였다. 이항의 문하에서 수학하고자 하자, 김천일의 외조모가 만류하며, '근처에 스승될 만한 이들이 있는데 어째서 먼 곳까지 가려하느냐?'고 묻자, 김천일은 '경전을 가르치는 스승은 만나기 쉽지만 사람되기를 가르치는 스승은 만나기 어렵습니다.經師易人師難'라고 대답하였다.[20] 이항의 문하에서 '거경궁리居敬窮理'의 학문을 익히며, 김인후를 배알하고 노수신盧守愼(1515~1590)을 방문하는 등 교유를 넓혀갔다. 김천일은 명종 21년(1566) 조정의 부름을 받은 이항을 전별하고서 동문들과 강학講學을 멈추지 않았다. 선조 원년(1568)에 유희춘이 감사를 통해 그를 유일遺逸로 천거하였고, 선조 6년(1573)에 군기사軍器寺

---

19 『(국역)일재선생문집』 부록, 일재집 발, 381~382쪽.
20 『健齋先生文集』 附錄 제3권 年譜.

주부主簿로 관로에 올랐다. 선조 9년(1576)에 경상도 도사로 부임해 있던 중 이항의 부고를 듣고 관직을 버리고 분곡奔哭하였다. 동문 기효간奇孝諫(1530~1593)과 변사정邊士貞(1529~1596) 등 28인이 연명치제聯名致祭하였다. 선조 10년(1577)에 일재선생의 행장을 짓고 같은 해 남고南皐에 서원을 건립하였다.

김천일의 주도로 건립된 서원은 건립된 지 100여 년 후에 사액에 대한 논의가 진행되었다. 김수항金壽恒(1629~1689)의 아들인 김창흡金昌翕(1653~1722)이 현종 말년(1674)과 숙종 원년(1675)에 상소하여 이항과 김천일을 모신 서원에 사액을 요청하였고, 숙종 7년(1681)과 숙종 10년(1684)에 사액을 요청하는 상소를 올렸다. 김창흡은 사액을 요청하는 상소에서,

그 강설한 바는 모두 자기의 몸에서 나온 것으로 처음부터 입으로 외우고 귀로나 듣는 것을 답습하거나 무슨 일을 부질없이 거듭하지 않아서 성현의 취지에 맞지 않는 것은 넘어갔습니다. 그 평생의 자신을 다스림에 있어서는 또한 극기와 거경을 힘써야 할 것으로 삼아 엄밀하고 돈독하고 견고하게 하여 시종 게으르지 않아 덕이 이루어지고 행실이 높아져 향당이 감화하여 복종하고 학자를 끌어 들였습니다.[21]

했다. 이어지는 김창흡의 상소에 의하면 당시 서울과 지방의 사원祠院에 사액을 받은 것이 17명이 되는데 남설濫設과 첩설疊設을

---

21 『(국역)일재선생문집』, 부록, 사액을 청하는 소, 288쪽.

이유로 이항과 김천일의 서원을 배제하는 것은 부당하다고 하였
다.²² 더욱이 이항을 제향하는 서원은 단 한 곳이었으므로 사액을
내려야 한다고 강조하고 있다. 당시 김창흡은 현종 14년(1673)에
진사시에 합격한, 22세의 청년이었다. 그러므로 남고서원 사액
요청과 관련된 상소는 김창흡의 개인적 의견이라기 보다는 송시
열과 김수항 등 서인 내부의 논의에 의한 것으로 생각된다. 김창
흡의 부친인 김수항은 남고서원의 원장을 역임하기도 했다.²³

숙종 10년(1684)에는 김창흡의 상소와 함께 전라도 유생 박태
초朴泰初 등이 장령 이항과 창의사 김천일의 서원에 사액을 요청
하는 내용의 상소를 올리면서 서울과 호남의 서인들이 합세하여
더 적극적으로 사액을 요청하기에 이르렀다.²⁴ 이에 예조에서는'
이항의 독실한 학문과 지행志行의 견확堅確을 장횡거張橫渠에 비견
되었다'고 하면서 은액恩額을 특별히 내리도록 요청하였고, '남고
서원南皐書院'이라고 사액하였다.²⁵ '남고'는 이항이 남쪽지방에
강석講席을 설치하여 '강도교수講道教授'한 뜻에서 비롯되었다.²⁶

---

22 서원은 설립에서 운영에 이르기까지 사림들의 자율에 맡겼으나, 서원이 확산되고 사액을
요청하는 서원이 폭주함에 따라 점차 남설과 첩설 등에 대해 국가가 관여하게 되었다.
특히 효종의 '丁酉成命'과 현종의 '庚子成命'를 통해 서원에 대한 규제를 명문화하였다.
윤희면, 『조선시대 서원과 양반』 집문당, 2004, 69~77쪽.
23 『남고서원지(乾)』 권2, 21쪽, 院長 및 講長錄.
24 숙종 10년(1684) 12월 7일 『서원등록』 상, 375-376쪽; 『(국역)일재선생문집』 부록 예조회
계, 293쪽.
25 남고서원이 사액될 때 '고유문'을 미수 허목(1595~1682)이 지은 것으로 알려져 있는데,
남고서원이 사액될 당시 허목은 사망한 이후이므로 바로 잡아야 한다. 허목의 문집『記
言』에 남고서원의 '석채문'은 현종 5년(1664) 허목의 나이 70세에 지었으며, 주세붕을 제
향한 남고서원으로 기록되어 있다. 『(국역)일재선생문집』 부록 고유문 肅宗乙丑(1685)賜
額時, 294쪽; 한국고전번역원, 『기언』, 제8권 儒林; 미수 연보, 제1권, 갑진년(1664, 현종
5) 참조.
26 『남고서원지』 범례에 다음과 같은 내용이 실려있다. '且肅廟之賜額也 不以他號 而必曰南
皐者實出於設皐比〈皐比謂講席也〉於南方 而講道教授之義則其旨深矣'.

이항을 제향하는 서원이 건립된 지 100여 년이 지나 사액된 것은 늦은 감이 없지 않다. 이황의 학문과 덕행을 추모하기 위해 선조 7년(1574)에 건립된 도산서원이 이듬해 선조 8년(1575)에 사액되고, 조식을 향사한 덕천서원은 선조 9년(1576)에 창건되었다가 광해군 원년(1609)년에 사액되었다. 남고서원의 사액은 김인후를 모신 필암서원과 기대승을 모신 월봉서원의 사액 시기와 비교해도 매우 늦은 편이다. 필암서원은 선조 23년(1590)에 건립되었는데 현종 3년(1662)에 사액되었고, 월봉서원은 선조 8년(1575)에 창건되었고, 효종 5년(1654)에 사액되었다.

이항은 조선성리학이 심화되는 16세기에 이황과 김인후, 기대승 등 학자들과 교유하였다. 특히 김인후는 중종 26년(1531) 사마시에 합격하여 성균관에서 이황 등과 교유하였으며 문과에 합격한 후 청요직을 역임하였다. 그러나 인종이 죽자 장성으로 귀향하여 학문 연구에 전념하여 「천명도天命圖」, 「주역관상도周易觀象圖」, 「서명사천도西銘事天圖」 등을 저술하고 서경덕, 정지운, 이항, 기대승, 노수신 등과 토론을 벌이며 학문적으로 교류하였다.[27] 이항은 과거에 응시하러 상경하던 기대승이 방문하였을 때 '태극설太極說'에 대해 토론하였는데 결말을 맺지 못하였다. 이에 대해 기대승은 김인후에게 자문하였고, 김인후는 자신의 사돈인[28] 이항의 '이기일물설理氣一物說'에 대해 비판하며 기대승의 손을 들어 주었다. 그러자 이항은 두 사람에게 편지를 보내

---

27 고영진, 「일재 이항과 호남유학」 『호남의 큰 학자 일재 이항 연구』, 민족문화연구소, 2012, 159~160쪽.
28 김인후의 장남인 金從龍이 이항의 사위이다.

자신의 학설을 주장하였다. 이와 같이 이항은 김인후, 기대승 등과의 성리학 논쟁에 참여하여 호남 성리학의 다양성에 기여하였던 것이다.[29] 그렇지만 이항의 학문에 대한 국가적 공인公認은 17세기 후반에 가서야 이루어졌다. 더욱이 기해예송(1659)과 갑인예송(1674) 등 서인과 남인의 정치적 갈등이 격렬해지는 정국 하에서 서인의 주도하에 남고서원 사액이 결정되었다는 것은 그의 정치적, 사회적 지위가 서인과의 관계 속에서 공인되었다는 것을 의미하기도 한다.

남고서원이 사액된 이후에도 이항의 문집을 재간행하는 데에도 서인 노론계의 도움을 받았다. 영조 33년(1757)에 태인 현감으로 부임한 조정趙啟[30]이 중심되어 이항의 문집을 재간행하게 되었다. 조정은 강석講席에서 이항의 후손 이수李邃를 만나게 되었는데, 이성익이 편찬하고 박세채가 교정한 『일재집』을 보게 되었다. 조정은

> 선생은 호남의 도학道學을 제창提唱하였으니 한 마디 말인들 어찌 없어지게 할 수 있겠는가?[31]

라고 하면서 기술자에게 명하여 인쇄하게 하였다. 이때 숙종 11년(1685)에 사액된 제문과 유허비지遺墟碑誌 및 우옹발어尤翁跋語 등

---

29 고영진, 앞의 논문, 170~173쪽.
30 조정은 영조 33년(1757) 3월부터 영조 35년(1759) 9월까지 태인현감으로 재직했다. 이동희 편, 「태인현감」, 『조선시대 전라도의 감사·수령명단』, 전라문화연구소, 1995, 210쪽.
31 『(국역)일재선생문집』, 부록 일재선생속록발, 384쪽.

을 함께 엮어서 간행하였다고 한다. 아마도 이때 송시열의 발문이 실린 것이 아닌가 한다. 영조 35년(1759)의 일이었다.

이때 간행된 문집에 실린 유허비지는 영조 25년(1749)에 유숙기兪肅基(1696~1752)[32]가 지었다. 그 내용에 의하면, 이항이 남쪽지방으로 이사하여 태인 서촌의 분동리에 터를 잡았는데 그 자손이 소유하지 못하다가 송사를 하여 소유하게 되었다. 그곳에 "일재이선생유허지비一齋李先生遺墟之碑"를 세우고 유숙기에게 비지碑誌를 부탁하였다. 유숙기는 '선현의 고반考槃의 장소에 후세 사람들은 밭을 갈지 말기를 바란다'고 썼다. 유숙기는 남고서원 사액상소를 올렸던 김창흡의 문하에서 수학하였다.

이항의 문집 간행에 관여한 조정은, 본관은 풍양이고, 자는 인서寅瑞로, 당시 경화사족京華士族의 일원으로 태인 현감으로 부임해 있었다. 당시 그는 고암서원考巖書院의 강회 개설을 위해 인근의 학자들과 노력하였다.[33] 당시 강학講學이 이루어지지 않는 것을 안타깝게 여긴 도암陶庵 이재李縡의 호남 문하를 중심으로 강회 개설을 위해 뜻을 모으고 있었는데, 이때 태인 현감이었던 조정의 조력이 컸다.

송시열, 권상하, 박세채, 윤증 등 서인과 교유하였던 이항의

---

32 유숙기의 본관은 杞溪이고, 자는 子恭, 호는 兼山으로 김창흡의 문하에서 수학하였다. 숙종 41년(1715) 생원시에 1등으로 합격하였다. 영조 9년(1733) 명릉 참봉으로 벼슬길에 들어가 효릉 참봉·상의원 직장·종부시 주부를 거쳐 금구 현감과 임피 현령, 전주 판관 등을 역임하였다.

33 고암서원은 제주도에 유배되었다가 상경하던 송시열이 後命을 받은 곳에 숙종 20년(1694)에 건립한 서원이었다. 숙종 21년(1695)에 경향의 서인들의 요청으로 사액되었다. 이후 호남의 노론 학맥의 중요거점이 된 서원이다. 이선아, 「18세기 고암서원의 건립과정과 강회 및 추향의 의미」, 『인문과학연구논총』 제35권 1호(통권 37호), 2014, 244~253쪽.

현손 이성익의 주도로 『일재집』이 편찬되었다. 이러한 서인들과의 학연은 서인정권 하에서 남고서원이 사액서원이 되는 데 중요하게 작용하였다. 특히 남고서원의 사액에 앞장선 김수항과 김창흡 등 서인 노론계의 후원은 태인과 그 주변 지역에서 노론 학맥이 튼실해지는 요인이 되었다고 생각한다.

3. 이항에 대한 증시贈諡와 '호남오현湖南五賢' 문묘배향文廟配享 추진

호남의 사표로서의 이항의 위상은 고종 2년(1865)에 '문경文敬'이라는 시호가 내려온 이후 더욱 확고해졌다.[34] 이항에게 시호를 내려야 한다는 건의는 철종 7년(1856)에 영중추부사領中樞府事 鄭元容이 시장諡狀을 작성하면서 공론으로 제기되었다.[35]

정원용이 자신의 큰아들 정기세鄭基世의 부임지인 전주에 머물고 있을 때, 이항의 후손 이동찬李東讚과 이병두李秉斗가 일재선생의 유고를 가지고 찾아와 질정質正을 부탁하였고,[36] 정원용은 이항과 자신의 선조 정유길鄭惟吉(1515~1588)[37]과의 정의情誼를 생각하여 받아들였다. 이런 일이 계기가 되어 정원용은 이항의 시장

---

34 『철종실록』 5년(1854) 10월 11일(병오).
35 정원용은 남고서원의 원장을 역임하였다. 『남고서원지(乾)』권2, 21쪽, 院長 및 講長錄.
36 『일재선생유집』 부록 시장(諡狀), 256~257쪽.
37 정유길의 본관은 東萊, 자는 吉元, 호는 林塘・尙德齋이다. 1538년(중종 33) 별시문과에 장원 급제하여 관로에 올랐다. 문장과 시에 능하였으며 松雪體로 이름을 날렸다. 이황, 김인후, 조식, 이항 등과 교유하였다.

을 기술하여 증시를 요청하였다.

신이 호남에 가니 호남의 인사가 말하기를, 호남의 유현에 고 사헌부 장령 이항이 경전의 뜻을 밝히고 학술을 돈독히 하며 제자를 가르쳤는데 호남의 인사가 그 도를 높이고 그 말을 외운 것이 거의 삼백년이 되었다고 합니다. 왕명으로 추증하고 서원을 세워 제향을 하니 국가에서 높이어 장려하는 바와 사람이 경모하는 바가 갖추어졌습니다. 오직 시호를 아직 받지 못하여 많은 선비의 말로써 감히 말씀을 드립니다.[38]

그런데 이항에 대한 증시는 이미 정조 20년(1796)에도 논의된 적이 있었다. 같은 사당에 배향된 김천일에게 시호가 내려졌지만 이항에게 시호가 내려지지 않은 것을 안타깝게 생각한 호남 유생들이 상언하였고, 이에 대해 3품으로 증직하여 시호를 의논하도록 하였다.[39]

이항의 제자로 남고서원에 추향된 김천일의 경우, 인조 21년(1643)에 시호를 추증해야 한다는 논의가 제기되었고,[40] 현종 15년(1674)에 다시 '임진년에 창의사 김천일이 고경명·조헌과 함께 국사를 위해 죽었는데, 김천일에게만 시호를 내리지 않았으니 소급해 포상하는 조치가 있어야 한다'는 요청에 의해 충렬공 忠烈公이라는 시호가 내려졌다.[41] 그런데 숙종 7년(1681)에 유일로

---

38 『(국역)일재선생유집』제4권 부록 諡狀, 256~263쪽.
39 『(국역)일재이선생속집』정조조에 증직사로 올린 상언에 대한 회계, 406쪽.
40 『인조실록』21년(1643) 4월 13일(병자).

천거된 선비에게 '충렬'이라는 시호가 적절치 않다는 의견이 제시되어 유자儒者에 합당한 '문文' 자字 시호로 다시 의정하도록 하였고,[42] '문열文烈'로 시호를 고쳤다.[43] 이렇게 같은 서원에 배향된 제자 김천일에게는 시호가 내려지고 스승인 이항에게 시호가 내려지지 않은 것을 안타깝게 여긴 호남 유생들이 상언을 하였던 것이다.

이항에 대한 증시 요청은 순조 24년(1824)에 다시 제기되었다. 전라도 유생 김상현金商賢 등이 '이항의 정도正道와 깊은 학문으로써 아직도 시호의 은전을 입지 못하였다'고 하면서 증시贈諡의 은전을 요청하였던 것이다. 이에 대하여 예조에서 순조 27년(1827)에 '호남 이학理學의 제창에 문정공文正公 김인후와 문헌공文憲公 기대승과 우열을 가리기 어려운 형세였으니 우리 유학에 공이 있어 후세를 감화시킨 분입니다.'라고 하면서 정이품에 추증追贈하는 일에 대해 건의하였다.

그러다가 철종 5년(1854)에 이르러 영중추부사 정원용이 다시 증시를 요청하였고, 이항을 '자헌대부이조판서지의금부사성균관제주오위도총부도총관資憲大夫吏曹判書知義禁府事成均館祭酒五衛都摠府都摠管'에 추증하였다.[44] 이듬해 철종 6년(1855) 정읍 현감과 태인 현감이 참여하여 분황교지焚黃教旨 즉 증직교지贈職教旨를 불사르는 분황제焚黃祭를 지냈다.[45] 정원용이 철종 7년(1856) 시장을 올리면서

---

41 『현종실록』 15년(1674) 7월 4일(병인).
42 『숙종실록』 7년(1681) 9월 25일(갑술).
43 『숙종실록』 7년(1681) 12월 17일(병신).
44 이항이 추증되는데에도 정원용이 기여하였던 것으로 보인다. 『경산집』 9권, 贈祭酒李恒加贈賜諡啓.

이항에 대한 사시賜諡가 본격적으로 논의되었던 것이다.[46]

당시 정원용은 이항 뿐만 아니라 여러 사람을 위한 시장을 작성하여 증시되는데 기여하였다. 그는 유옥柳沃(1487~1519)과 박윤원朴胤源(1734~1799)에게 추증하고 시호를 내릴 것을 요청하였으며[47] 김계행(1431~?),[48] 양팽손梁彭孫(1488~1545),[49] 최희량崔希亮(1560~1651),[50] 김상철金尙喆(1712~1791),[51] 강세황姜世晃(1713~1791),[52] 김화진金華鎭(1728~1803),[53] 조흥진趙興鎭(1748~1814),[54] 박영원朴永元(1791~1854)[55]의 시장을 작성하여 증시되는데 기여하였다.[56] 그러나 이항에 대한 증시가 바로 결정되지는 않고 고종 2년(1865)에서야 '문경공文敬公'이라는 시호가 내려졌다. '널리 듣고 본 것이 많으며文 아침 일찍부터 밤늦게까지 경계한다敬'는 의미에서 '문경'이라고 시호했다.[57]

---

45 『(국역)일재이선생속집』 분황제 축문, 410쪽.
46 『(국역)일재선생유집』 4권 부록 시장.
47 『경산집』 9권 贈吏判柳沃加贈賜諡啓; 『철종실록』 10년(1859) 10월 29일(을축); 『경산집』 9권 贈都憲朴胤源加贈賜諡啓; 『철종실록』 14년(1863) 3월 20일(병인).
48 『경산집』 20권, 贈吏曹判書金公係行諡狀.
49 『경산집』 19권, 贈吏曹判書梁彭孫諡狀.
50 『경산집』 20권, 贈兵曹判書崔公希亮諡狀.
51 『경산집』 19권, 領議政金公尙喆諡狀.
52 『경산집』 19권, 漢城府尹姜公世晃諡狀.
53 『경산집』 19권, 判中樞府事兼吏曹判書金公華鎭諡狀.
54 『경산집』 20권, 贈吏曹判書趙公興鎭諡狀.
55 『경산집』 20권, 左議政朴公永元諡狀.
56 조선시대 시호는 유교국가 조선의 이념과 가치에 부합되는 모범적 인물에게 국가에서 그에 걸맞는 이름을 내리는 제도로 그 행정 절차가 상당히 까다로왔다. 시호와 관련된 업무는 예조, 봉상시, 홍문관, 의정부, 이조, 사헌부, 사간원 등 국가기관에서 논의와 합의를 통해 진행되었으며, 그 대상도 제한되었다. 시호를 받기 위해서는 受贈人의 행적을 기록한 시장을 작성하여 제출해야 되었는데, 시장은 시호의 심의를 위한 가장 기초적인 자료로 매우 중요하였다. 때문에 시장 撰者의 신분과 지위, 학문과 문장의 수준은 시장의 공신력을 가늠하는 중요한 기준이 되었다. 조선시대 증시에 대해서는 김학수, 「고문서를 통해 본 조선시대의 증시 행정」, 『고문서연구』 23, 한국고문서학회, 2003, 63~66쪽.

살펴본 것처럼 이항에 대한 증시는 호남 지역민들의 관심과 요청 아래 추진되었다. 증시에 필요한 관품官品 등의 조건을 갖추면서 지역민들의 호응과 후원 속에서 추진되었다. 이와 같은 과정을 거쳐 호남의 낙향하여 우거하던 '우공寓公'이었던 이항은 호남의 '사표師表'로 거듭나게 되었던 것이다.

  이항에 대한 증시가 논의되는 와중에 순조 31년(1831)에 남고서원에 동서재東西齋를 설립하였다. 전주의 임기백任基白, 고부의 이남하李湳夏, 태인의 김용金埇 등이 주도하여 일도一道에 재물을 모으고 기술자를 모아 터를 개척하여 숙원을 이루게 되었던 것이다.[58]

  그런데 이항에게 시호가 내려진 지 불과 3년 후인 고종 5년(1868)에 남고서원은 서원훼철령이 내려지고 고종 8년(1868) 전국에 47개소의 서원만 남기고, 사액서원도 철폐하라는 명령에 따라 철폐되었다.[59] 남고서원은 이항과 그의 제자인 김천일이 배향되어 있었는데, 충절대의의 명분으로 김천일을 배향한 진주의 창렬사彰烈祠가 존치되면서 남고서원은 첩설을 이유로 철폐되었다.[60]

---

57 『(국역)일재선생문집』 부록 相臣筵奏, 272~273쪽.
58 『(국역)일재선생문집』 부록 남고서원동서재기, 339~342쪽.
59 남고서원의 철폐시기에 대해서는 서원철폐령 직후인 고종 5년(1868)이라는 설과 고종 8년(1868)이라는 설이 엇갈리고 있는데, 사액서원에 대한 철폐는 고종 8년에서야 결정되었으므로 남고서원 역시 이때 철폐되었을 것으로 생각된다. 『남고서원지』(乾) 범례 '本院毀撤年條攷一齋續集云高宗辛未(1871) 而院中文字擧稱戊辰(1868) 此何委也 因念當初書院撤廢 雖出朝令 而士論紛紛 非一時盡行 延至數年或至十許年 以此推之 則可知其爽實也' 참조.
60 미사액서원의 철폐에 이어 사액서원을 철폐하고 '辛未存置' 47개 서원을 선정할 때, 1인 1원의 원칙 아래 문묘배향인을 모신 16개의 사액서원과 '충절대의(忠節大義)'의 31개의 묘, 서원, 사우가 존치되었다. 윤희면, 「고종대의 서원 철폐와 양반 유림의 대응」, 『한국근현대사연구』, 한국근현대사학회, 1999, 164~168쪽.

남고서원은 철폐되었지만 고종 18년(1881)에 이항을 비롯하여 '호남오현湖南五賢'을 문묘에 배향하자는 움직임이 일어났다.[61] 조선시대 문묘 배향은 정치적 논쟁과 갈등 속에서 이루어졌다. 중종반정 이후에 추진된 정몽주의 배향을 시작으로 고종 연간에 배향된 조헌과 김집의 배향에 이르기까지 문묘배향은 정치세력의 명분이 충돌하는 정치적 현장이었다. 남인과 서인의 정치투쟁의 과정이었던 이이와 성혼의 배향과 출향은 이점을 잘 보여주는 것이다.[62] 이항을 앞세워 호남의 '오현'을 배향하자는 주장은 선조 연간의 '동방오현'의 문묘배향을 전례로 내세워 호남의 지역민의 정치적 요구가 분출된 것으로 추정된다.

  호남오현의 문묘배향이 본격적으로 논의된 것은 고종 21년(1884)이었다. 이때에 전라도 유생 백몽수白夢洙 등이 상소하여 문경공 이항, 문절공 유희춘, 문효공 노진, 문충공 박순, 문헌공 기대승을 문묘에 배향하자고 주장했던 것이다.[63] 이보다 먼저 고종 20년(1883)에 호남과 호서의 유생들의 요청으로 조헌과 김집이 문묘에 배향되었다. 조헌과 김집의 문묘배향에 대한 논의는 정조 20년(1796)에 제기되었으나 정조의 반대로 무산되었다.[64] 그런데 고종 20년(1883) 9월에 유학 권종순權鍾純은 상소를 올려

---

61 '호남오현'의 문묘배향은 선조 연간에 활발하게 추진되었던 '동방오현'의 문묘 배향을 전례로 요청되었다고 생각한다. 동방오현의 문묘 배향에 대해서는 이수환, 「16세기전반 영남사림파의 동향과 동방오현 문묘종사」, 『한국학논집』 45, 계명대학교 한국학연구소, 2011, 70~74쪽.
62 최연식, 「조선시대 도통 확립의 계보학」, 『한국정치학회보』 45, 한국정치학회, 2011, 156~158쪽.
63 『승정원일기』 고종 21년 3월 15일(경인).
64 정조는 조헌과 김집의 문묘배향을 무산시키고 김인후의 배향을 추진하여 관철시켰다.

화양서원의 복구를 요청하면서 아울러 문경공文敬公 김집, 문렬공文烈公 조헌, 문정공文正公 김상헌, 문순공文純公 권상하를 문묘에 배향해야 한다고 주장하면서 재론되기 시작하였다.[65] 권종순의 상소를 시작으로 성균관 유생 침로정沈魯正 등 성균관과 학당에서 김집, 조헌, 김상헌, 권상하를 문묘에 종사해야 한다고 상소하였다.[66] 그후 지방에 있는 유생 정혼鄭混 등의 상소와 호서와 호남의 유생 김영년金永年 등의 상소를 계기로 김집과 조헌의 문묘 종사로 논의가 좁혀졌고[67] 같은 해 10월 24일에 고종은 다음과 같이 조헌과 김집을 문묘에 배향하도록 하였다.

> 문열공 조헌의 도학절의道學節義와 문경공 김집의 시례도덕詩禮道德은 백세의 유종儒宗이라 할 수 있다. 문묘文廟에 배향配享하자는 논의가 있은 지 이미 오래되었다. 그렇지만 아직까지도 처리하지 못한 것은 바로 조정의 흠사欠事이니, 어찌 중외의 많은 선비들이 번거롭게 연이어 상소를 올리지 않을 수 있겠는가? 문열공 조헌, 문경공 김집을 모두 문묘에 배향하고 의식 절차는 해조該曹로 하여금 전례대로 거행하게 하라.[68]

조헌과 김집의 문묘 배향에 고무된 호남을 비롯한 '팔도의 유

---

65 조헌과 김집 뿐만 아니라 文忠公 朴淳, 文淸公 鄭澈, 文敏公 黃愼, 文忠公 兪棨, 文忠公 閔鎭厚, 文簡公 金昌協도 문묘에 배향하는 것이 사람들의 마음에 부합되는 것이라고 하였다. 『고종실록』 20년(1883) 9월 1일(경인).
66 『고종실록』 20년(1883) 9월 20일(기유).
67 『고종실록』 20년(1883) 9월 29일(무오); 10월 6일(계축); 10월 9일(병진); 10월 12일(기미); 10월 18일(을축).
68 『고종실록』 20년(1883) 10월 24일(신미).

생' 백몽수 등은 고종 21년(1884)에 상소를 올려 호남오현의 문묘 배향을 주장하였다.

> 호남에 오현五賢이 있는데 문경공 이항, 문절공文節公 유희춘, 문효공文孝公 노진, 문충공文忠公 박순, 문헌공文憲公 기대승입니다. …(중략)… 이항은 문경공文敬公 김굉필의 적전嫡傳이고, 유희춘은 문경공文敬公 김안국의 제자이자 선정신先正臣 김인후와 도의로서 사귄 사람입니다. 노진은 문헌공文獻公 정여창의 연원淵源을 이은 적전으로 문순공文純公 이황과 도의로서 사귄 사람입니다. 박순은 문강공文康公 서경덕의 연원으로 문성공文成公 이이와 도의로서 사귄 사람이며, 기대승은 문순공 이황과 문정공文正公 김인후의 연원을 이은 적전입니다.[69]

라고 하였다. 그러나 고종은 문묘배향은 중대한 문제이기 때문에 갑자기 시행할 수 없으므로 다시 뒷날의 공론을 기다려야 한다고 대답하였다. 며칠 뒤에 다시 '호남오현'을 문묘에 배향하자는 상소가 올라왔다. 전라도 유학 이계호李啓鎬 등은 '호남오현'의 문묘 배향과 아울러 훼철된 동강서원桐崗書院과 고암서원考巖書院을 복설해야 한다고 상소하였다.[70] 동강서원은 송강 정철을 배향한 서원이고 고암서원은 송시열을 배향한 서원이었다.

조헌과 김집의 문묘 종사에 대한 논의가 거듭되는 상소로 진행되어 결실을 맺었던 반면에 '호남오현'의 문묘배향은 성사되

---

69 『고종실록』 21년(1884) 3월 15일(경인).
70 『고종실록』 21년(1884) 3월 26일(신축).

지 않았다.⁷¹ 하지만 '호남오현'의 문묘배향에 대해 논의되는 과
정에서 이항은 호남 도학의 선구자로서의 좌표를 확고하게 설정
할 수 있었다고 생각한다.

4. 남고서원南皐書院 중건과 『남고서원지南皐書院誌』 편찬

'호남오현'의 문묘 배향을 추진하는 과정에서 결집한 호남 유
생들은 남고서원의 중건을 도모하였다. 그리하여 광무 3년(1899)
에 이항의 후학과 호남의 유학들의 노력과 후원으로 남고서원의
중건사업이 시작되었다. 훼철된 서원의 남은 터에 집 한 채를
중창하여 현판을 강수재講修齋라고 하고 단을 쌓고 제사를 지냈
다.⁷² 당시 기우만奇宇萬(1846~1916)은 강수재 상량문上樑文에,

> 문채가 나던 당일 태산泰山의 아래 재실齋室에서 강수講修한 이가
> 무릇 몇 사람이었던가? 내는 흘러 밤낮으로 일찍이 쉬지 않도다. 상
> 량한 후에 강송講誦이 계속되고 문교가 이에 일어나 지난 성인을 잇
> 고 미래의 학문을 열어 선생의 아름다운 혜택을 잊음이 없고 이단
> 을 물리치고 정학을 지켜闢異扶正 우리 유학이 더욱 빛나기를 바라는
> 도다.

---

71 고종대에 추진된 조헌과 김집의 문묘배향과 이항 등 '호남오현'의 문묘배향의 정치적 의
  도와 의미에 대해서는 시대적 배경과 정치세력의 연관성에 대해 별도로 논의되어야 할
  것으로 생각한다.
72 『(국역)일재선생문집』 부록 남고서원중건기, 361~362쪽.

라고 썼다.

　기우만의 본관은 행주, 자는 회일會一, 호는 송사松沙로 노사蘆沙 기정진奇正鎭의 손자이다. 당시 그는 호남의 거유巨儒였던 할아버지 기정진의 뒤를 이어 문유文儒로 추대되어 호남의 유생을 이끌고 있었다. 1896년 단발령과 고종의 아관파천俄館播遷으로 인한 사회적 혼란 속에서 의병을 일으켜 호남의병대장으로 활약하며 외세에 저항하는 호남의 대표적인 유학자였다. 남고서원의 강수재 중건을 기리는 상량문도 그의 이러한 사회적 지위에 기반하여 위촉되었던 것이다.[73] 기우만은 남고서원의 중건을 계기로 '문교文敎가 다시 일어나 이단을 물리치고 정학을 지킬 수 있게' 되길 기원하였다.

　더욱이 남고서원의 중건이 시작된 시기는 동학東學을 비롯한 신흥(종교)집단이 발흥하여 민심 동요하고 있었다. 전라도 지역을 기반으로 일어난 동학농민혁명이 실패한 이후에도 남학南學, 영학英學 등을 내세운 결사조직에 의해 저항이 끊임없이 일어나고 있었다. 남고서원과 가까운 곳인 흥덕, 고창 등지에서도 1899년 민중봉기가 일어나기도 하였다.[74] 이러한 유교에 도전하는 움직임에 대해 호남의 유림사회는 정학正學을 수호하기 위해 결집하였는데, 남고서원의 중건도 이러한 호남 유림의 의지를 보여주는 것이라고 할 수 있겠다. 1905년에 송종민宋鍾民이 지은

73　호남의 종장으로 활약하였던 기우만은 묘갈명과 행장을 비롯한 글을 많이 남겼는데, 그의 문집에는 상량문도 12편 실려 있다.
74　강길원,「戊戌·己亥(1898~1899), 古阜等諸邑의 農民蜂起」,『한국사연구』85, 한국사연구회, 1994, 80~85쪽.

강수재중수기講修齋重修記에서도 '학문을 하는 요점은 강독講讀에 있고 사람되는 도리는 자수自修를 귀하게 여기는 것'이기 때문에 강수라고 이름짓는다고 하였는데, 남고서원을 중건하면서 사우祠宇 보다 강수재를 먼저 설립하여 유학을 다시 일으키고자 하는 유림의 의지를 보여주고 있다.

강수재를 건립하고 30여 년 후 1927년에 남고서원의 사우가 중건되었다.[75] 이때 이항의 문인으로 김점金坫(?~?)과 김복억金福億(1542~1600), 김승적金承績(1549~1588)이 추향되었다. 추향된 문인에 대해서 『일재선생유집』 제3권 문인록에는 다음과 같이 실려 있다.[76]

김점의 자는 경숙敬叔이고, 호는 매당梅堂이다. 본관은 부안이다. 옹천瓮泉 석홍錫弘의 조카이다. 자질이 순수하고 지기志氣가 우뚝하였다. 명종 때에 진사가 되고 유일遺逸로 참봉에 임명되었으나 나아가지 않았다. 정자를 하나 세워 '척심滌心'이라고 편액을 달았다. 김안국이 시를 지어 주어 아름답게 여겼다. 조헌이 그 덕행을 애도하였는데, '한 마디 쇠와 열 심지의 향一寸鐵十炷香'으로 견주었다. 후일 남고서원에 배향되었다.

김복억의 자는 백선伯善이며, 호는 율정栗亭, 본관은 강진이다. 약묵若默의 아들이다. 가정교육을 잘 이어 받았다. 어린 아이 때

---

75 『(국역)일재선생문집』 부록 남고사우중건상량문, 348~353쪽.
76 『(국역)일재선생유집』 제3권 부록, 문인록.

부터 선생의 문하에 출입하여 변화를 더하고 큰 요체를 들어 깨달음이 많았다. 부모상을 당하여 여막을 짓고 시묘살이를 하였다. 선조 2년(1569)에 효우孝友로서 천거되어 참봉에 임명되었고 선조 6년(1573)에 진사가 되고 여러 번 고을의 원을 맡아 모두 드러난 치적이 있었다. 임진왜란 때 창의倡義하여 옷과 솜을 마련하여 명나라 군사의 동상을 구제하였다. 후일 남고서원에 배향되었다.

김승적의 자는 경립景立이며, 호는 용암鎔巖, 본관은 언양이다. 언양군彦陽君 관의 현손이다. 효도와 우애는 타고난 천성이었다. 어버이가 병이 들어 겨울에 싱싱한 오이靑瓜를 먹고 싶다고 하자 기이한 스님異僧이 삼족오三足烏를 바치고 금초金椒 3매를 던져 주기에 약을 만들어 드렸다. 일재 선생이 돌아가시자 시묘할 장소를 만들고 3년을 지내니 세상에서 자공子貢이라고 일컬었다. 좌승지에 추증되었다. 육송사六松祠에 재향되고 남고서원에 배향되었다.

사우를 중건하고 추향된 이항의 제자 김점, 김복억, 김승적에 대해서는 1977년에 편찬된 『남고서원지』(1977)에도 수록되어 있다.[77] 김점은 문정공文貞公 김구의 후손으로 김천일과 함께 이항의 문하에서 수학하였다. 이항은 김천일과 김점을 "오지말세소익뢰유이현야吾之末歲所益賴有二賢也"라고 할 만큼 칭찬하였다고 한

---

[77] 김점의 8대손 金永洙와 李度中이 지은 행장과 김점이 김안국과 주고 받은 시가 실려 있다. 기정진과 김택술이 지은 김복억의 행장, 김승적에 대한 黃翼漢의 행장과 김형관의 묘갈명도 실려 있다.

다.⁷⁸ 학행으로 연은전 참봉에 제수되었다. 김안국과 교유하였으며, 김인후, 조헌, 기대승과도 도의道義로써 교유하였다.⁷⁹ 특히 기대승은 김점과 사돈을 맺었으며, 김점의 아버지 김석옥金錫沃의 묘갈명을 써주기도 하였다.⁸⁰ 이도중李度中(1763~?)은 김점의 행장과 묘갈명을 지었다.

김복억은 무성서원武城書院에 제향된 김약묵金若默⁸¹의 아들이다. 중종 19년(1524) 고현내에 태어나 이항의 문하에서 수학하며 기대승, 정철, 이준민 등과 교유하였다. 선조 2년(1569)에 효행으로 천거되어 목청전穆淸殿 참봉에 제수되었는데 곧바로 慶基殿 참봉으로 옮겼다. 선조 6년(1573) 사마시에 합격하여 회덕 현감, 사옹원 판관 등을 지내다 고향에 내려와 있다가 임진왜란이 일어나자 재종제再從弟 김후진金後進, 계제季弟 김경억金慶億, 재종질再從姪 김대립金大立과 김여백金如白, 이항의 아들 이수일李守一, 안의安義, 손홍록孫弘祿 등과 함께 의병과 의곡義穀을 모았다. 그후 홍주 목사, 이천 부사에 제수되었지만 부임하지 않고 고향을 지키다가 선조 33년(1600)에 돌아가셨다.⁸²

김승적은 명종 4년(1549)에 금구 거야촌에서 태어나 이항의 문

---

78 『남고서원지』(곤) 延恩殿參奉梅堂金公家狀.
79 김점의 딸과 기대승의 아들이 혼인하였다. 기대승은 1572년 고향으로 낙향하는 길에 태인현에 이르러 종기로 인해 위독해지자 公館에서 죽을 수는 없다고 하면서 급히 김점의 집으로 옮겨 가서 서거하였다고 한다. 『고봉집』 부록 제1권, 諡狀.
80 『고봉집』 제3권, 贈戶曹參判 金公 墓碣銘.
81 김약묵(1500~1558)의 자는 太容, 호는 誠齋로 중종 35년(1540)에 별시문과에 을과로 급제하였다. 명종 7년(1552) 한산군수와 집의·양주목사·내자시정을 역임하였다. 김인후의 묘지명을 지었다. 태인의 武城書院에 제향되었다.
82 김복억에 대해서는 노사 기정진과 후창 김택술이 지은 행장에 자세히 기록되어 있다. 『남고서원지』(坤) 通訓大夫洪州牧使栗亭金公行狀

하에서 수학하였다. 거야촌과 태인을 아침저녁으로 오가며 강업 講業과 사친事親을 할 정도로 효성이 지극하였다. 선조 21년(1588)에 진사시에 합격하였으나 과업을 접고 학문과 양친養親에만 전념하였다. 특히『효경』과『근사록』에 온 마음을 쏟아 음미하고 사색하였다. 궁경窮經을 실천하여 지극한 효성으로 하늘을 감동시킨 이적異蹟이 많이 전해 온다. 후인들이 '(용암)선생지학본호성리先生之學本乎性理 선생지효원호천성先生之孝原乎天性'이라고 할 정도였다. 이항이 돌아가셨을 때에도 종인宗人 및 김천일과 함께 시묘살이 3년을 하였다.[83]

이와 같이 사우를 중건하고 추향하는 일에 김점의 후손 부안 김씨, 김복억의 후손 강진 김씨, 김승적의 후손 언양 김씨 문중에서 적극적으로 후원하였다. 이들 문중은 이항의 제자인 조상들의 행적을 인연으로 호남의 사표로 추앙되고 있는 이항의 위상을 힘입어 당시 유행하고 있던 위선爲先 활동에 적극적이었다.[84]

이들 문중 이외에 간재의 문인들도 남고서원의 중건과 서원지 편찬 등에 적극 관여하였다.[85] 1928년에 남고서원 중수기를 쓴 후산厚山 이도복李道復(1862~1938)은 간재 전우의 문인으로, 1862년(철종 13) 경상도 단성현 양명산 아래 신안동에서 태어났다. 남명 조식의 제자 동곡 이조의 10세손인 이도복은 처음에는

---

83 『남고서원지』(곤) 龍巖金公行狀; 成均進士龍巖金公墓碣銘.
84 이희환,「부안 김씨를 통해서 본 조선 말기 相尙의 풍조」,『역사학보』176집, 역사학회, 2002, 137~140쪽.
85 박학래,「간재학파의 학통과 사상적 특징 - 학문연원, 교유 및 문인 분포를 중심으로」,『유교사상연구』28집, 한국유교학회, 2007; 최영성,「전북지역 간재학파의 학맥 계승과 의리실천」,『간재학논총』제12집, 간재학회, 2011 참고.

연재淵齋 송병선宋秉璿 문하에서 수학하였다. 이도복은 1903년 봄에 간재 전우를 만났다. 이때 전우는 "내가 듣기로 그대와 한유는 이단의 학설이 거세지는 데도 유독 율곡의 학문을 계승해 지키고 있다고 하니 진실로 호걸이라고 할 수 있다."라고 하면서 이도복을 칭찬을 했다. 1905년 송병선이 을사늑약 체결에 항거하며 자결한 후 이도복은 유학 진흥에 진력하였다. 1924년 오진영이 '왜놈들이 이 땅에 있는 한 문집을 내지 말라'는 전우의 유훈을 저버리고 총독부의 승인 아래 간재의 문집을 간행하자 이를 앞장서서 반대하였다. 1925년에는 전라도 마이산으로 들어가 호남 선비들과 교유하며 많은 저술을 남겼다.[86]

1927년에 남고서원의 묘정비를 지은 화산花山 권순명權純命(1891~1974)은 18세에 간재 문하에 나아가 간재가 세상을 떠날 때까지 수학하였다. 그는 전우로부터 '화도주석華島柱石'이라는 칭찬을 들을 정도로 전우의 총애를 받았으며, 간재의 유고를 모아 편집, 출간하고 동문 선배들의 문집 편찬에 앞장섰다고 한다.[87]

또한 『남고서원지』에 수록된 김복억의 행장을 쓴 후창後滄 김택술金澤述(1884~1954)은 간재 전우의 문인이다. 김택술은 1900년 17세에 부친의 권유로 천안에 머물고 있던 전우를 찾아 뵙고 그의 문하에 들어갔다. 김택술 역시 총독부의 허가를 받아 전우의

---

86 이도복은 영남에서 태어나 연재 송병선의 학맥을 계승하고 간재 전우 등 호남의 인사들과 교유하였으며, 말년에는 진안에 은거하였던 유학자이다. 아직까지 그의 생애와 학문에 대해서 본격적인 연구가 이루어지지 않았다. 그런데 이도복과 유사하게 영남출신으로 호남의 유림과 교유한 권재규, 정재규 등에 대한 논문이 발표되어 韓末 호남과 영남의 교유의 실상과 의미에 대해 논의되었다. 김봉곤, 「영남지방 노사학파의 성장과 문인 정재규의 역할」, 『남명학연구』 제29집, 경상대학교 남명학연구소, 2010 참고.
87 최영성, 앞의 논문, 25~26쪽.

문집을 간행하는 것에 대해 극력 반대하였다. 그는 단발령과 창
씨개명에 불응하며 일제에 저항하면서 후학 양성에 힘쓰며 유학
자로서 수의守義의 삶을 살았다. 그는 다독을 통해 많은 글을 지
어 문장의 재도적載道的 기능을 긍정한 뛰어난 문장가로 평가되
고 있다. 외세의 침탈과 일제의 강점이라는 혼돈의 시대에 유학
자로서의 정체성을 지켰던 대표적인 호남의 간재 문인이었다.[88]

이와 같이 간재의 문인은 남고서원의 중건 및 남고서원 추향
에 관여하였다. 호남의 사표로 추숭된 이항의 실천적 학문을 계
승하여 와해되어가는 전통의 가치와 질서를 회복하는데 기여하
고자 하였다. 이러한 간재 문인의 노력은 지속되어 간재 문인을
중심으로 1977년에 『남고서원지』가 간행되었다. 『남고서원지』
의 서문을 쓴 김형관金炯觀(1915~1998)은 후창 김택술의 셋째 아들
로 간재 전우의 학문을 이어 받았다. 그는 간재학파 선학들의
문집 편찬에 앞장서고 문필 활동을 활발히 하였다. 특히 1975년
영인본 『간재선생문집』(華島手定本)을 간행하는 데에 참여했다.

이때 간행된 『남고서원지』는 2권으로 구성되어 있다. 1권(乾)
은 남고서원의 연혁과 서원 중건을 각지에 알리는 통문通文이 실
려 있다. 여타의 서원지와 다른 점은 서원 운영과 관련된 사항
을 상당히 자세하게 수록하고 있는 점이다. 진설도陳設圖, 정향丁
享의 일자, 축문祝文, 홀기笏記를 비롯하여 제관망첩祭官望帖과 동봉
서함同封書函, 피봉皮封 등의 서식을 기록해 두었다. 뿐만 아니라
제관예규祭官例規, 원임院任의 정원, 직무 및 임기에 대한 규정, 강

---

88 김택술에 대해서는 박순철, 「후창 김택술의 학문과 사상」, 『유교사상연구』 제36집, 한국
유교학회, 2009 참고.

회의절講會儀節과 상읍예홀기相揖禮笏記, 규약 등의 의례에 대해서도 자세히 기록해 두었다.

이러한 여타의 서원지와는 달리 '일반적인 내용'이 자세하게 수록된 이유는 아마도 『남고서원지』 편찬과 간행을 통해 서원 운영에 대한 제반사항을 정리하여 후세에 전달하고자 했던 것으로 생각된다. 남고서원에 배향된 이항과 그 문인들의 후손과 간재 문인들이 중심이 되어 1977년에 편찬된 『남고서원지』는 단순히 남고서원의 연혁을 정리하는 것에 그친 것이 아니라 서원과 관련된 제반 사항을 집성集成하므로써 서원의 역할과 의의 및 존속의 가능성을 열고자 했던 것으로 생각된다.

이와 같이 이도복, 권순명, 김택술과 김형관 등 간재 전우의 직전, 재전 제자들은 남고서원의 중건과 추향 및 『남고서원지』 편찬 등에 참여하였다. 이들은 이항을 호남의 사표로서 추숭하며 그에 대한 현재적 기억을 새롭게 각인하므로써 호남 유학의 맥을 잇고자 하였다.[89]

5. 맺음말

이항은 연산군 5년(1499)에 한양에서 태어나 나이 40세에 전라

---

89 이에 대해서는 일본강점기의 남고서원 중건과 해방 이후 『남고서원지』 편찬 등에 참여한 인물에 대한 분석을 통해 구체적으로 검증되어야 할 것이다. 특히 1960~70년대에 간재 문인들을 중심으로 『남고서원지』, 『도계서원지』, 『고산지』 등 서원지와 읍지 등이 편찬·간행되었는데, 이에 대한 연구를 통해 근현대 호남 유림사에서의 활동과 그 의의에 대해 밝힐 수 있으리라 기대한다. 이에 대해서는 추후에 더욱 보완 연구할 계획이다.

도 태인에 낙향하여 학문에 전념하며 호남의 '인사人師'로서 제자를 키웠다. 이항의 제자들은 임진왜란이 일어나자 의병을 일으키는 등 창의에 앞장서서 의리를 실천하였다. 이항의 학문과 삶은 호남의 유생들에 의해 계승되었고, 이항은 '호남의 큰 스승 師表'으로 추숭되었다.

그런데 이러한 이항의 위상은 처음부터 확고했던 것 같지는 않다. 그와 동시대를 살았던 이황이나 조식이 학문적, 정치적 위상이 일찍이 공인되었던 것과는 달리, 호남의 우공寓公 이항의 학문적 위상이 확립되는 데에는 서인 노론계와 호남 유림의 후원과 지지가 있었다.

이항의 후손 이성익이 주도하여 『일재집』을 간행하는 과정에서 송시열, 박세채, 윤증 등 서인들이 적극적으로 후원하였고, 이 과정에서 이항은 호남의 도학자道學者로서의 평가를 굳히게 되었다. 이러한 서인들과의 관계는 경신환국(1680) 이후 이항을 배향한 '남고서원'이 사액서원이 되는 중요한 계기가 되었다. 남고서원은 숙종 10년(1684)에 김창흡과 전라도 유생 등 경향京鄕의 서인들의 요청에 의해 사액되었는데, 서인과 남인의 정치적 갈등이 격렬해지는 정국 하에서 서인의 주도하에 남고서원 사액이 결정되었다는 것은 그의 정치적, 사회적 지위가 서인과의 관계 속에서 공인되었다는 것을 의미한다. 이러한 호남의 도학자와 사표로서 이항의 위상은 철종 7년(1856)에 정원용이 이항에게 시호를 내려달라고 요청하고, 고종 2년(1865)에 '문경文敬'이라는 시호가 내려온 이후 확고해졌다.

문경이라는 시호가 내려진 지 3년 후 고종 5년(1868)에 내린

서원훼철령에 의해 남고서원도 훼철되고 말았다. 하지만 서원철폐를 단행했던 대원군이 물러난 후 고종 18년(1881)에 이항을 비롯하여 '호남오현'을 문묘에 배향하자는 움직임이 일어나면서 이항은 호남의 대표적인 도학자로 다시 거론되었다. '호남오현' 문묘배향 논의에서 일재 이항은 항상 첫 번째로 거론되었던 것이다. 비록 이항 등 '호남오현'의 문묘배향은 성사되지 못하였지만, 이 일을 계기로 이항의 학문적 위상이 견고해지고 호남의 유생들은 결집하는 계기가 되었던 것으로 생각된다.

'호남오현'의 문묘 배향을 추진하는 과정에서 결집한 호남 유생들은 남고서원의 중건을 도모하였다. 그리하여 광무 3년(1899)에 이항의 후학과 호남의 유학들의 노력과 후원으로 남고서원이 중건사업이 시작되었다. 이항의 제자 김점, 김복억, 김승적을 추향하였다. 사우를 중건하고 추향하는 일에 부안 김씨, 강진 김씨, 언양 김씨 문중과 이도복, 권순명, 김택술과 김형관 등 간재 전우의 직전, 재전 제자들이 참여하여 기여하였음을 확인할 수 있다. 호남의 우공이었던 이항은 그 실천적 삶을 통해 호남의 유림의 사표가 되었다. 그를 배향한 서원의 사액과 증시 등 국가적으로 공인되는 데에 시간이 걸렸지만, 그의 실천적 삶을 본받고자 하였던 호남의 유림들은 그를 호남의 '우공寓公'이자 '사표師表'로 추숭하였던 것이다.

참고문헌

『숙종실록』, 『철종실록』, 『고종실록』, 『건재선생문집』, 『고봉집』, 『송자대전』, 『한수재집』, 『명재유고』, 『기언』, 『이재유고』, 『경산집』(이상 한국고전번역원 DB시스템), 『구암집』, 『서원등록』 상·하(이상 국립중앙도서관 소장), 『남고서원지(건·곤)』(이항의 후손 이태복 소장)

권오영 역, 『(국역)일재선생문집』, 일재선생문집국역추진위원회, 2002.
윤희면, 『조선시대 서원과 양반』, 집문당, 2004.
황의동 외, 『호남의 큰 학자 일재 이항 연구』, 민족문화연구소, 2012.

강길원, 「무술·기해(1898~1899), 고부 등 제읍의 농민봉기」, 『한국사연구』 85, 한국사연구회, 1994.
김봉곤, 「영남지방 노사학파의 성장과 문인 정재규의 역할」, 『남명학연구』 29, 경상대학교 남명학연구소, 2010.
김성우, 「15세기 중·후반~16세기 道學運動의 전개와 송당학파의 활동」, 『역사학보』 202집, 역사학회, 2009.
김학수, 「고문서를 통해 본 조선시대의 증시 행정」, 『고문서연구』 23, 한국고문서학회, 2003.
박순철, 「후창 김택술의 학문과 사상」, 『유교사상연구』 36집, 한국유교학회, 2009.
박학래, 「간재학파의 학통과 사상적 특징-학문연원, 교유 및 문인 분포를 중심으로」, 『유교사상연구』 28, 한국유교학회, 2007.
윤희면, 「고종대의 서원 철폐와 양반 유림의 대응」, 『한국근현대사연구』 10, 한국근현대사학회, 1999.
이수환, 「16세기 전반 영남사림파의 동향과 동방오현 문묘종사」, 『한국학논집』 45, 계명대학교 한국학연구소, 2011.
이희환, 「부안 김씨를 통해서 본 조선 말기 相尙의 풍조」, 『역사학보』 176, 역사학회, 2002.
최연식, 「조선시대 도통 확립의 계보학」, 『한국정치학회보』 45, 한국정치학회, 2011.
최영성, 「전북지역 간재학파의 학맥 계승과 의리 실천」, 『간재학논총』 12, 간재학회, 2011.

| 논평 |

「일재一齋 이항李恒의 학문적 위상 확립과정과 남고서원南皐書院」 논문에 대한 토론문

정학섭 ‖ 전북대학교 사회학과 교수

이 논문은 일재 이항 선생의 문집 편찬과정과 남고서원南皐書院의 사액賜額과 증시贈諡 추진과정 등을 중심으로 관련 문헌을 실증적으로 증빙證憑하고 탐구하여 호남지역 유림사에서 이항의 위상을 확인하고 있으며 이항의 역사적 위상 확립 과정에서 그의 제자들과 호남 유림들이 어떠한 역할을 수행하였는지를 탐색하고 그 사적 함의를 정리하고 있다.

이러한 논문 서술 과정에서 호남오현湖南五賢의 문묘배향文廟配享과 남고서원 중건重建 및 이항의 문인 추향追享 추진 내지 추향 과정 또한 자세히 밝히고 그러한 역사적 과정들이 지니는 의미를 추출하고 있기도 하다. 학술대회가 확정되고 논문을 작성할 수 있는 시간적 여유가 제한되었음에도 불구하고 여러 관련되는 문헌들을 광범위하게 섭렵하고 선별하여 실증주의적 관점에서 설득력 있게 설명함으로써 비평자로 하여금 감탄을 자아내게 한다. 두 분의 합심 노력에 의해 일재 이항의 위상과 의미가 새롭게 조명되고 널리 확산되게 하는 계기를 마련하여 감사한 일이 아닐 수 없다.

그런 가운데서도 논문의 보다 효과적 보완을 위하여 몇 가지 의견을 조심스럽게 드려보고자 한다.

첫째, 일재 이항 선생의 문집 편찬 과정을 자세히 정리하는 서술 방식이 다소 평면적flat이라는 느낌을 갖게 된다. 편집 과정에 참여하는 문인과 호남 유림들의 상호 역동적 관계, 서인 중심의 역사적 학맥이 지니는 시계열적 역동성dynamics을 중심으로 살펴 볼 수는 없을까를 생각해 보는 것이다.

둘째, 그런 한편 일재 이항과 서인 노론계의 밀접한 관계와 사회자본social capital을 강조하고 있는데, 무엇이 이들로 하여금 그같은 관계를 형성하고 유지하게 하였는지, 그 추동력이 무엇이었는지에 대한 탐구 결과를 밝혀낼 수는 없을까? 하는 아쉬움과 바램을 가져본다. 부연하면, 일재집 편찬에 송시열, 박세채, 윤증 등 서인 노론계가 관여한 점, 태인 현감 조정의 조정력 등으로 일재집이 재간행된 역사적 사실, 남고서원의 사액서원화 과정에서 김창흡 등 서인의 추진력 등을 재해석하고 평가할 때, 이항이 지니고 있는 그 무엇이 이들로 하여금 의미있는 역사적 행위를 지속하게 했는지 하는… 그 학술적 논의 및 정치화의 심층구조를 밝혀 볼 수는 없을까 하는 점이다.

셋째, 호남 유생들이 결집하여 '호남오현' 문묘배향을 끈질기게 추진하였지만 결국 성사되지 못하였는데, 그 당대 중앙 정부에서 왜 수용되지 못했는지에 대한 설명이 안되고 있다. 이러한 측면은 이항 선생 당대의 성리학자들이 비교적 단기간에 중시받은 것에 비해 이항의 경우, 정조20년(1796)에 첫 논의가 제기된 이후 고종2년(1865) 시호가 내려지기까지 긴 시간이 소요된 점 등과 관련하여 중앙 정계에서 어떠한 논의가 전개되었는지에 대해 자세히 밝혀낼 수 있다면 다소의 도움이 될 수 있을 것이라고 생각해 본다.

넷째, 이 논문은 호남의 우공寓公 일재 선생이 '사표師表'로 우뚝서게 되는 과정에 서인 노론계와 호남 유림의 후원과 지지가 있었다는 것을 밝혀내고 있는데, 그 무엇이 호남 유생들을 하여금 일재 선생을 위해 결집하게 하였는지? 그들의 담론화 과정에 대한 기록을 역동적으로 재구성해 볼 수는 없겠는가를 되물어 보게 된다.

어떻든, 이 글을 통해 일재 이항 선생의 역사적 위상과 그 의미를 새롭게 인식할 수 있다. 또한 당대의 학술 및 정치적 결사체가 주도하는 역사적 추진과정을 통해 한 성리학자의 생애와 사상이 역사적으로 재평가되는, '담론적 기회구조'와 '정치적 기회구조'(R. Koopmans and Statham, 1999)를 엿볼 수 있어서 깊이 감사드린다.

제3부

일재一齋 이항李恒의 이론

일재一齋 이항李恒의 '일체일물一體一物' 논증 분석 ‖ 김범수
* 논평 이형성

일재 이항의 사상·학문·이론에 관한 새로운 시각들

일재一齋 이항李恒의 '일체일물一體一物' 논증 분석

김범수
전북대학교 철학과 강사

1. 실마리

이항의 이기론이 지니는 특징과 의의를 규명하려면, '일체一體'와 '일물一物' 개념부터 분석해야 한다. 이 두 개념이 이기론의 기초 개념이기 때문이다. 물론 가장 큰 논란거리가 되는 것이어서 적절한 재해석이 필요하기 때문이기도 하다. 따라서 두 개념과 주요 논증들을 분석·평가하는 작업은 여러모로 큰 의의를 갖는다. 이러한 목적을 달성하기 위해 먼저 일체 개념과 일물 개념이 포함된 글을 논증 형식으로 정리하고자 한다. 그 다음 정리된 논증을 통해 추론과정을 검토하고 각 논증 속의 결론이 지니는 설득력을 따져볼 것이다. 논의의 범위는 이기론에 한정한다.

분석대상은 이항의 이기론이다. 그것은 그가 쓴 편지에 담겨 있다. 따라서 이항이 쓴 편지 속에서 이기론에 해당하는 것을 선별하여 분석·평가하고자 한다. 다시 말하면, 이 글은 그의 이기론에 대한 비판적 읽기에 해당한다. '비판적 읽기'라는 말 속의 '비판'이라는 낱말은 글 속에서 논증을 찾아내고, 추려낸 논증에서 다시 전제(근거)와 결론(주장)으로 명료하게 구분한다는 의미이다. 이러한 방법을 택한 이유는 다음과 같다. 첫째, 이항이 주장하는 바가 무엇인지 분명하게 파악하기 위해서다. 둘째, 이항의 주장들이 과연 어느 정도나 설득력을 지니는지 평가해보기 위해서다. 그의 주장들에 동의하거나 또는 거부하려면, 근거들을 확인하고 그 근거들이 주장을 어느 정도나 잘 지지하고 있는지 평가해야 한다. 이 두 가지 작업이 원활하게 진행된다면, 이항의 이기론이 지니는 특징과 의의를 규명하는데 성공할 가능성이 높다. 그러나 문제가 되는 것은 자료의 양이 매우 적다는 것이다. 이항의 글 자체가 논증적이지 않다는 점도 장애로 작용한다.

 곤란한 점이 있음에도 불구하고 이러한 방법을 시도하는 또 다른 이유가 있다. 실마리 첫 부분에서 이미 언급했듯이, 이와 기가 '일체-體'요 '일물-物'이라는 주장은 당시나 지금이나 논란거리가 되고 있다. 그의 주장들에 대한 후대 학자들의 분석과 평가는 여러 관점에서 여러 가지 방식으로 진행되어 왔다. 상충하는 해석과 평가가 다수 존재하는 까닭이 바로 이것이다. 따라서 일체와 일물 개념 중심으로 구성된 논증부터 다시 살펴볼 수밖에 없다.

 '일체'와 '일물'이라는 표현은 이항이 한 말이다. 이항이 제시한 최종 결론에 해당한다. 이 결론(주장)과 그것을 지지하는 전제(근거)들의 묶음을 '논증'이라고 정의한다면, '일체 논증'과 '일물 논증'에 대한 분석과 평가는 '이와 기가 일체다'라는 주장과 '이와 기는 일물이다'라는 주장이 어느 정도의 설득력을 지니는 것인지, 과연 근거들로부터 타당하게 도출된 것인지, 그리고 근거들은 적절한지를 따져보는 논증적·비판적 읽기라고 말할 수 있다.

2. 이理와 기氣 덩어리

이항의 이기론 중에서 가장 논란이 되는 것은 '일물一物'이라는 표현이다. 따라서 이 개념을 이해하지 못하면, 그의 이기론에 대한 올바른 이해는 어려워진다. 그러나 그의 일물설은 이와 기를 '일체一體'로 보는 관점에서 형성된 것이다. 이와 기에 대한 논의는 이 두 가지 존재가 '일체임'을 전제한 뒤 전개된 것이다. 최후에는 이를 근거로 '일물'을 주장한다. 따라서 이항이 사용한 '일체'의 의미를 먼저 파악해야 한다. 편의 상 이것을 일체 논증이라 부르고자 한다.

비費와 은隱의 도를 떨어뜨려 놓고 말하면, 비는 비고 은은 은이다. (그러나) 한데 모아진 차원에서 말하면 은은 비속에 존재한다. (그러므로) 비와 은은 일체다. (따라서) 형이상자를 은이라 하고 형이하자를 비라고 말할 수는 없다.[1]

이항은 위에서 다음과 같은 두 가지 결론을 제시하고 있다. 첫째, 비費와 은隱은 일체다. 둘째, 비는 형이하자고 은은 형이상자라고 말할 수 없다. 이 두 가지 결론 사이에는 또 지지관계가 형성된다. 그리고 이 두 개의 결론은 모두 '비와 은은 한데 모아진 차원에서 논의해야 한다'는 전제로부터 도출된 것이다. 먼저 이 두 개의 결론을 서로 다른 논증의 결론으로 구분한 뒤 각각의 논증을 분석해보자.

'비와 은은 일체다'라는 주장은 다음과 같은 두 개의 전제로부터 도출된 것이다. 첫째, 비와 은은 한데 모아진 차원에서 논의해야 한다. 둘째, 은은 비속에 존재한다. 물론 이 두 개의 전제로부터 비와 은이 일체라는 결론을 이끌어낼 수는 있지만, 문제가 되는 것은 '비와 은은 한데 모아진 차원에 논의되어야 한다'이 생략된 전제의 수용가능성에 대한 평가다. 그것은 받아들일만한 것이거나 또는 참인가? 태극과 음양, 이와 기, 비와 은을 서로 떨어뜨려 놓고 설명하려는 시도가 오류이거나 또는 적어도 무익한 것임을 입증한 다음이 아니라면, 생략된 그 전제는 참이라고 할 수 없다. 물론 수용가능한 전제이기는 하다. 그러나 전제가 참인 경우보다는 설득력이 높을 수 없다. 중요한 것은 이러한 관점에서 형성된 이항의 그것이 지니는 특징과 의의를 찾는 일이다.

또 다음과 같은 문제를 제기할 수도 있다. 태극과 음양, 이와 기, 비와 은은 서로 떨어뜨려 놓고 논할 수도 있다. 한데 모아진

---

1 『一齋先生集』書 答南時甫彦經書, "費隱之道 分而言之 則費自費隱自隱 合而言之 則費之裏面 隱亦在焉 費與隱 爲一體也 不可謂形而上者爲隱 形而下者爲費也."

차원에서 논해야만 하는 합리적인 이유가 제시되지 않는 한 논란은 계속될 것이다. 그러나 이항의 글 속에 그런 합리적 이유나 정당한 근거를 찾기는 어렵다. 그러므로 비은의 도에 관한 논의를 현상 차원에 한정시키고자 했던 것으로 추측할 수밖에 없다. 이것은 관점을 달리하면 언제든지 비판받을 수밖에 없다는 사실을 함의한다.

두 번째 결론은 비를 형이하자로 규정하고 은을 형이상자로 규정할 수 없다는 것인데, 이 결론도 일체 논증과 연관된 것이다. 비와 은은 일체이기 때문에 형이상자를 은이라 하고 형이하자를 비라고 말할 수 없다는 것이다. '일체'란 서로 떨어져 독립적으로 존재할 수 없음을 의미하는데, 비와 은은 바로 그런 관계이기 때문에 비를 형이하자로 규정하고 은을 형이상자로 규정할 수 없다는 것이다. 그렇다면, 다음과 같이 추론할 수 있다. 이항은 '일체임'을 근거로 '형이상자와 형이하자로 분리시킬 수 없음'을 주장한 것인데, 이는 감각적 현실 속에 존재하는 구체적 사물을 중시하는 입장이 여실히 반영되어 있는 것이다. 일반적으로 한 덩어리 한 몸을 구성하는 두 요소는 각각 상이한 개념으로 설명되거나 또는 형이상자와 형이하자로 '구분하여 설명할 수 있다.' 그럼에도 불구하고 '구분할 수 없다'고 말한 까닭은 무엇인가? 이항은 다음과 같이 좀 더 구체적인 설명을 시도했다.

비는 기氣(의 작용으)로 분류되지만 은은 (기의 작용은 고려하지 않고) 리理 위주로 말해진 것이다. 이와 기는 이물二物일지라도 (그것은 어디까지나) 일체一體다. (그러므로) '둘이다'라는 표현은 옳지 않다.[2]

이항은 위에서 '이와 기는 일체'임을 근거로 '이와 기를 둘이라고 표현하는 것은 옳지 않다'고 주장한다. '일체'이기 때문에 '하나'라는 것이다. 그러나 일체이자 하나로 존재하는 그 두 개의 존재(이와 기)를 설명할 때는 어차피 '둘'이라는 표현을 사용할 수밖에 없다. 그래서 '이물二物'임을 긍정하지 않을 수 없었다. 그러나 '이물二物' 속의 '물物'과 '이와 기는 일물一物이다'라는 주장 속의 '물物'은 의미가 다르다. 전자는 추상적·개념적 존재를 지칭하고 후자는 감각적 사물을 지칭한다. 그러나 이항의 관심은 후자(감각적 사물)에 있었다.

비은의 도를 직접 이와 기에 대칭시켜 논의할 수 있는지는 의심스럽다. 주자는 『중용』 비은장을 풀이하면서 비와 은을 본체와 작용 두 차원에서 각각 '광대한 작용'과 '은미한 본체'라고 풀이했다.[3] 전자는 현상 차원에서 도를 논한 것이고 후자는 본체 차원에서 논한 것이다. 전자는 눈으로 볼 수 있는 것이지만 후자는 볼 수 없는 것이다. 이런 점에서 전자는 '감각대상으로 존재하지만 상대적으로 부차적인 것形而下者'이고 후자는 '감각대상 속에 존재하는 근본적이고 본질적인 것形而上者'이다. 이와 기가 감각적 대상으로서 눈앞의 현실 속에 존재할 수 없다면, 이때의 이기는 공허한 것일 뿐이다. 물론 감각적 대상으로 눈앞의 현실 속에 실재하는 것은 이도 아니고 기도 아니다. 감각적 사물일 뿐이다. 그러나 이와 기 덩어리인 감각적 사물을 보고 그것의

---

2 『一齋先生集』書 答南時甫彦經書, "蓋費者屬乎氣 隱者主於理 理氣雖是二物 而其體則一也 二之則不是."

3 『中庸章句大全』, "費 用之廣也 隱 體之微也."

이치를 알아야 한다는 주장4을 근거로 이항도 사물의 껍데기가 아닌 본질에 대한 인식을 중시했다고 말할 수 있다.

  은미한 본체는 작용으로 드러나기 마련이므로 도는 삶과 떨어져 있을 수 없다. 그러나 삶 자체가 은미한 본체 그 자체인 것은 또 아니다. 눈으로 볼 수 있는 현상적 존재 너머에서 현상 작용의 근저를 이루는 실체가 존재한다. 주자의 해석과 비교하여 말하면, 이항의 관심은 작용과 현상 차원에 집중되어 있다. 그러나 상식적으로 본체 차원을 이로만 설명하고 작용 차원을 기로만 설명할 수는 없다. 또 은의 도는 이치理요 비의 도는 기운氣이라고 단순하게 분리·대칭시켜 말할 수 없다. 그러므로 비를 논하면서 이는 빼놓고 기만 가지고 설명할 수는 없다. 비 은의 일체로부터 이기의 일체를 이끌어낸 논증 두 개를 재구성해보자. 첫째, "비와 은은 일체다. 비는 기요 은은 이다. 그러므로 이와 기는 일체다." 둘째, "비와 은도 일체이고 이와 기도 일체다. 그러므로 비와 은도 둘二이 아니고 이와 기도 둘二이 아니다(결국 비와 은도 일물이고 이와 기도 일물이다)."

  이항의 관심은 이와 기 두 실체에 있지 않고 한 덩어리로 존재하는 눈앞의 감각적 사물 세계에 있다. 그 감각적 사물은 이와 기 덩어리다. 다시 정리해보자. 이항은 이와 기도 일체이기 때문에 '둘이다'라는 표현은 그르다고 주장한다. 사물을 구성하는 두 요소 이와 기는 두 개의 상이한 존재로 말해지더라도 한 몸 한 덩어리 사물 속에 공존할 수밖에 없기 때문에 '하나'라고

---

4 『一齋先生集』 書 答南時甫彥經書, "學問之功 未能居敬窮理而盡精微也."

말해야지 '둘'이라고 말해서는 안 된다는 것이다. 이항은 그와 같은 그릇된 판단을 하게 되는 원인에 대해서도 구체적으로 언급한다.

> 예나 지금이나 학자들은 이와 기를 둘로 떨어뜨려 놓고 말하는 데에 치우쳐 있거나 아니면 한데 모아진 차원에서 말하는 데에 치우쳐 있다. (이렇게 치우치게 된 원인은) 하나이면서 둘이고 둘이면서 하나임을 모르기 때문이지 다른 원인은 없다.[5]

위의 글에는 또 하나의 중요한 논증이 포함되어 있다. 정이와 주자로부터 사용되기 시작한 '일이이이이일一而二二而一'이라는 명제를 가지고 이와 기를 보는 두 개의 관점을 비교한 것이 그것이다. 이항은 다음과 같은 두 가지 주장을 제시하고 있다. 첫째, 떨어뜨려 놓고 보는 입장과 모아진 차원에서 보는 입장 중 어느 하나의 관점에 치우쳐서는 안 된다. 둘째, 치우치지 않으려면 이와 기가 하나이면서 둘이고 둘이면서 하나임을 알아야 한다. 전자는 이와 기의 관계를 다양한 관점에서 봐야 함을 주장한 것이고, 후자는 '일이이이이일一而二二而一'를 잘 이해하는 것이 무엇보다 중요함을 지적한 것이다. 이 두 개의 주장을 연결시켜 이해해보면, 다음과 같다. "이와 기를 둘로 떨어뜨려 놓고 말하는 데에 치우치게 되는 까닭은 이와 기가 이이일二而一임을 모르기

---

5 『一齋先生集』書 答南時甫彦經書, "古今學者 理與氣 或太分而爲二 或太合而爲一 殊不知 一而二 二而一焉 此無他故也."

때문이다. 또 이와 기를 한데 모아진 차원에서 말하는 데에 치우치게 되는 까닭은 이와 기가 일이이—而二임을 모르기 때문이다." 여기에서 이항이 말한 '일—'과 '이二'의 의미는 무엇인가?

주자의 이기론은 크게 두 차원에서 진행된 것이다. 모든 존재의 근원적 동일성(보편성)과 현상 사물의 특수성을 각각 설명하려 했기 때문이다. 전자는 형이상학적 이론이고 후자는 현상론에 해당한다. 각각 '만물의 일원—原을 논論하면'[6]이라는 말과 '만물의 이체異體를 보면觀'[7]이라는 말로 시작된다. 그리고 전자는 가설을 제시한 것[8]이라 볼 수 있고, 후자는 그 가설로부터 시험 명제를 연역해내고 또 그것을 입증하는 과정에 해당한다. 주자는 이와 기가 서로 섞일 수 없다不雜고 말했고, 또 이가 기보다 먼저 존재한다理先氣後고 말하기도 했는데, 이것은 모든 존재의 근원적 동일성(보편성)을 설명하기 위한 가설적 성격의 명제들이다. 또 이와 기는 서로 떨어져 각각 존재하지 않는다不離고 보았고, 이런 점에서 이와 기를 선후로 구분할 수는 없다理氣無先後고 여겼는데, 이것은 특수한 사물로 구성된 현상세계에 대해 설명하기 위한 것이다. 전자는 조화롭고 질서정연한 세계이고, 후자는 대립과 갈등이 상존하는 세계다. 대립과 갈등이 상존하는 세계는 욕망이 충돌하는 세계다. 이때의 인간의 본성을 주자는

---

6 『朱子語類』卷四 性編一, "論萬物之一原 則理同而氣異 …… 問理同而氣異 此一句是說 方付與萬物之初 以其天命流行 只是一般 故理同 以其二五之氣有淸濁純駁 故氣異."
7 『朱子語類』卷四 性編一, "觀萬物之異體 則氣猶相近而理絶不同 …… 就萬物已得之後說 以其雖有淸濁之不同 而同此二五之氣 故氣相近 以其昏明開塞之甚遠 故理絶不同."
8 장군매, 김용섭·장윤수 옮김, 『한유에서 주희까지 : 중국 근세 유가 철학』, 서울 : 형설출판사, 1996, 316쪽 참고.

'성즉리'와 같은 추상적 본성이 아니라 '인의예지'로 구체화시켜 설명했다. 전자는 이치의 같음과 기운의 다름으로 설명했고理同氣異, 후자는 기운의 유사함과 개별적 이치의 다름으로 설명했다氣相近理絶不同. 이 두 차원에서 각각 일이이이이일一而二二而一의 의미를 고찰하면, 다음과 같다.

먼저 만물의 일원 차원에서 이해해보자. 만물의 근원은 두 개의 실체(이와 기)로 설명될 수밖에 없지만, 만물의 존재특성第一性은 이치理에 의해 결정된다. 예외가 있을 수 없다는 점에서, 만물은 하나다(一). 따라서 이 이치를 기준으로 만물에 대해 논하면, 만물은 동일한 존재다(一). 그러나 기운을 기준으로 논하면, 만물은 동일한 존재가 아니다(二). 또 이치와 기운은 상이한 실체이기 때문에 둘이지만(二) 사물의 근본성이 이치에 의해 결정되기 때문에 하나다(一). 두 번째로 만물의 이체 차원에서 이해해보자. 개체 사물들이 공통적으로 감각과 지각능력을 지녔다. 그러나 개체 사물들이 부여받은 이치는 기운과 기질의 영향을 받아 차이를 보이게 된다. 이런 특징은 만물에 일관되게 적용될 수 있는 것이므로 모든 개체 사물이 서로 다르지 않지만(一) 개체 사물의 이치(본성)는 다르다(二). 기운은 서로 유사하지만(一) 이치는 절대로 같지 않다(二). 또 이치는 이치고 기운은 기운이어서 서로 다른 것이다(二). 이 두 가지 존재는 한 덩어리의 감각적 사물에 공존할 수밖에 없다는 공통점을 지니기 때문에 다르지 않다(一). 사물을 구성하는 서로 다른 요소지만(二) 한 덩어리의 감각적 사물로 존재할 수밖에 없다는 점에서는 같다(一). 이 항의 일체·일물은 후자의 차원, 즉 만물의 이체 차원에서 이와 기의 일이이一而二와 이이일二而一을 논한 것이다.

이와 기의 관계를 일이이이이일一而二二而一로 설명하려면, 위에서 살펴본 바와 같이 일원과 이체 두 차원에서 각각 일이이이이일一而二二而一을 논해야 한다. 이미 언급했듯이 이항은 이와 기를 둘로 떨어뜨려 놓고 말하는 데에 치우치거나 한데 모아진 차원에서 말하는 데에 치우쳐 있음을 비판했다. 그러나 이항의 비판을 그의 일체·일물설과 연결시켜 보면, 이항의 이기 관계론은 이체 차원의 논의(현상론)에 한정된 것임을 알 수 있다. 만약 그렇다면, 이항 스스로 '한데 모아진 차원에서 말하는 데에 치우친' 꼴이 되고 만다. 그러나 그렇다고 해서 자가당착에 빠졌다고 말할 수는 없다. 이와 기를 한데 모아진 차원에서 논하기 시작했더라도 매 감각적 사물을 구성하는 두 가지 요소로서 이와 기를 끌어들였고, 또 이 두 가지 존재를 구별했기 때문에 일이이一而二임을 모르고 있었던 것은 아니라고 볼 수 있다. 또 다르게 생각해볼 수도 있다. 이항이 비판한 '이와 기를 둘로 떨어뜨려 놓고 말하는 데에 치우쳤다'는 말은 만물의 이체를 관觀하는 차원에서 이와 기를 구별·분리시키는 데에 치중한 것에 대한 비판으로 이해해볼 수 있다. 그러나 이렇게 해석해도 문제는 남는다. 세계를 설명하기 위한 개념적 장치를 구별해서 설명했다고 해서 이런 시도가 이와 기가 한 덩어리 감각적 사물로서 존재한다는 사실을 완전히 무시하는 것이라고 단언하기는 힘들기 때문이다. 또 한데 모아진 차원에서 이와 기를 말하는 데에 치우쳐 있다고 해서 이와 기 개념을 구별하지 말아야 한다거나 또는 실제로 구별하지 않았다고 말할 수도 없다. 이와 기를 둘로 떨어뜨려 놓고 말하는 데에 치우친 사람은 이와 기가 둘이지만 하나이기도 하다는 점을 모르고 있고, 반대로 이와 기를 한데 모아진 차원에서 말하는 데에 치우친 사람은 이와 기가 하나이지만 둘이기도 하다는 점을 모르고 있음을 비판했지만 이항의 이러한 비판이 충분한 것이라고 말할 수는 없다. 그럼에도 불구하고 이항의 일체 논증은 나름대로의 의의를 갖는다. 일체 논증의 특징과 의의는 무엇인가?

이항의 일체 논증은 현상 사물의 차원에 한정된 것이라 말할 수 있다. 다시 말하면, 초월적 세계에 대한 이기론적 설명은 배제하고 있다. 이와 같은 입장을 취하게 된 까닭을 주자의 이기 논변의 범위 속에서 이해해 보면, 다음과 같다. 이항은 형이상학적 이론 탐구보다 감각적 현실 속에서의 체험을 강조했다. 체험 대상은 감각적 사물이고 체험 내용은 그 감각적 사물들이 모두 이와 기 덩어리라는 사실이다. 그러나 이때 문제가 되는 것은 주자 이래로 이어져온 형이상학적 이론 탐구를 위한 개념적 장치들을 가지고 형이상학적·분석적 접근을 부정하는 입장을 옹호하려고 했다는 점이다.

3. 한 몸 한 물건

일원과 이체의 차원에서 각각 이와 기의 관계를 논한 주자의 이기론 중에서 이체 차원에서 이와 기를 한데 모아 말하는 식으로 논의 범위를 좁혔다는 점이 일체 논증 분석의 결과다. '일물이다'라는 최종 결론도 일체 논증으로부터 이끌어낸 것이다. 이제 그의 일물 개념과 일물 논증에 대해 분석해보자.

최근에 김종룡(김인후의 아들) 군이 우리 집에 들러서 다음과 같이 말했습니다. "기정자(기대승)는 '태극이란 음양과 섞지 않고 말한 것'이라고 했습니다. 『주역』에 나오는 '태극이 음양을 낳는다'는 말 속의 '태극'도 음양과 섞지 않고 말한 것임을 알 수 있습니다"라고 말했습니다. 나는 다음과 같이 말합니다.「태극도」속의 "음양과 뒤섞이지 않는다"라는 말은 그 맨 위의 동그라미에서 태극 본체만 가려내 말한 것입니다. 이것은 기氣를 배제시켜 놓고 理만 언급한 것입니다. 그러므로 이 말을 풀이한 사람(주자)은 "음양과 한데 모아진 곳에서 그것의 본체만 가려내 말한 것이니 음양과 뒤섞지 않고 한 말이다"라고 말한 것입니다. 그 아래 동그라미는 이와 기를 겸하여 말한 것인데, 이것은 태극을 본체와 작용 두 측면을 아우르며 언급한 것입니다. 그러므로 이 말을 풀이한 사람(주자)은 "음양은 태극과 하나다. 정미한 것과 조잡한 것, 근본적인 것과 지엽적인 것 사이에 피차의 구별이 없다"라고 말한 것입니다. 그대는 위에 있는 동그라미의 리理와 아래에 있는 동그라미의 도道를 구별하지 않고 싸잡아서 "태극은 음양을 섞지 않고 말한 것이다"라고 하니, 얼마나 잘못된 것입니까?[9]

---

9 『一齋先生集』書 贈奇正字大升書, "近者 金君從龍過我 因言曰 奇正字云太極 不雜乎陰陽 而爲言耳 又曰 太極生兩儀 於此亦可見其太極不雜乎陰陽矣 余曰 太極圖中所謂不雜乎陰陽者 其於上一圈 挑出太極本體而言 是專理而不言氣 故釋之者曰 卽陰陽而指其本體 不雜陰陽而爲言耳 下一圈 兼理氣而言 是太極之全體大用無不備 故釋之者曰 陰陽一太極 精粗本末無彼此也 君不辨上一圈之理與下一圈之道 而通謂之太極不雜乎陰陽而爲言 何其謬哉."

이항은 주자의 주석을 근거로 제시하면서 태극(이)은 음양(기) 속에서 본체만 가려내서 말한 경우도 있고 양자를 겸하여 말한 경우도 있다고 주장한다. 이 주장은 태극은 항상 음양과 섞지 않고 말해졌다고 보는 김종룡과 기대승의 주장을 비판한 것이다. 설사 음양과 한데 모아진 곳에서부터 태극 본체만 가려내서 말할 수 있다하더라도 어디까지나 태극(이) 음양(기) 논변의 출발점은 양자가 한 덩어리의 구체적 사물로 존재하는 차원(감각적 현실)이어야 한다는 점을 강조한 것이다. 위의 논증 속의 최종 결론은 "태극이란 항상 음양과 섞지 않고 말해진다는 주장은 옳지 않다"이다. 근거는 다음과 같다. 첫째, 태극도의 맨 위에 있는 동그라미는 태극 본체(理)만 가려내서 말한 것이고, 그 아래에 있는 동그라미는 이와 기를 겸하여 말한 것(道)이다. 둘째, 맨 위에 있는 동그라미는 음양(氣)과 뒤섞지 않고 태극(理)만 형상화한 것(태극의 본체)이고, 그 아래 동그라미는 음양(기)과 태극(이)이 한데 모아진 차원을 형상화한 것(태극의 본체와 작용)이다. 주자의 주석을 근거로 태극은 항상 음양을 섞지 않고 말한 것이라고 단정하는 것은 옳지 않다는 결론을 이끌어내고 있다. 이 논증에 다음과 같은 전제가 보충된다면, 이항의 논의 범위가 어디서부터 어디까지인지 좀 더 자세히 알 수 있다. "태극은 음양과 섞지 않고 말해지기도 하고 섞어 말해지기도 한다."

'부잡'을 태극(이)과 음양(기) 사이의 개념적 구별로 본 주자의 풀이에 동의한 것을 보면, 이항의 일체설도 '부리不離' 차원에만 한정시킨 것이라고 단정할 수는 없다. 다만 이항의 이기론은 서로 떨어져 존재할 수는 없음을 전제하고 시작한다. 두 가지 상이한 실체를 중심으로 현상 사물의 존재특성을 논의한 것이 아니라 눈앞의 감각적 사물이 곧 이와 기 덩어리─體이기 때문에 그것을 보고 이와 기가 한 몸 한 물건─物임을 논한 것이다. 주자의 이기론과 비교하여 말하면, 이항의 이기론이 위와 같은 특징을 갖게 된 까닭은 세계와 인간에 대한 존재론적 해명이나 형이상학적 이론 정립에 목적을 두지 않았기 때문으로 이해된다.

또 『주역』에 "태극이 음양을 낳는다"는 말이 있습니다. (그렇다면) 태극으로부터 생겨나기 전에 양의氣는 어디에 있으며, 또 생겨난 다음 태극의 이치理는 어디에 있겠습니까? 깊이 생각하여 분명하게 바로잡아서 이와 기가 항상 매 사물 속에 구별 없이 공존해 있음渾然一物을 깨닫길 바랍니다. 나는 태극이 양의를 낳기 전에 양의는 태극 속에 존재하고 태극이 양의를 낳은 뒤에는 태극의 이가 양의 속에 존재한다고 생각합니다. 그러므로 양의는 생겨나기 전이나 생겨난 다음이나 항상 태극과 떨어져 있지 않습니다. 만약 한시라도 떨어져 각각 존재하는 때가 있다면, 사물은 존립할 수 없습니다. 아! 도를 알지 못하는 사람 중 누가 이러한 이치를 알 수 있겠는가? 내가 말한 '상리칙무물相離則無物'이 다섯 글자를 예사로운 것으로 보아 넘기지 않길 바랍니다.[10]

---

10 『一齋先生集』書 贈奇正字大升書, "又易曰 太極生兩儀 蓋兩儀未生之前 兩儀存乎何處 兩儀已生之後 太極之理亦存乎何處 從這裏面深思明辨 則庶見理氣之渾然一物耳 余以爲太極未生兩儀之際 兩儀固存乎太極之度內 而太極已生兩儀之後 太極之理 亦存乎兩儀之中矣 然則兩儀之未生已生 元不離乎太極也 若相離則無物矣 嗟呼 非知道者 孰能識之 余所謂相離則無物五字 幸勿凡視也."

위의 글은 태극(이)과 양의(기)가 항상 매 사물 속에 융합·공존해 있음을 주장한 것이다. 이 양자가 떨어져 존재한 적도 없고 또 그럴 수도 없다고 전제하고 있다. 이 중에서 태극이 양의를 낳기 전 양의는 태극 속에 존재한다는 주장 속의 '존재함'도 감각적 현실 차원에서 말해진 것으로 이해된다. 그렇지 않다면, 태극(이)과 음양(기)이 각각 독립적으로 시공을 달리하며 존재하며, 또 감각적 사물처럼 존재함을 인정했다고 말해야 하는데 이항이 실제로 그것을 인정했다고 보기는 어렵다. 따라서 태극과 양의, 이와 기가 매 사물에 항상 융합·공존해 있다는 이항의 '혼연일물渾然一物'은 구체적인 현실과 감각적 사물 차원으로 논의의 폭을 좁힌 이기론이라 말할 수 있다. 이러한 평가가 그르다면, '태극생양의太極生兩儀'를 기초로 한 주자의 이선기후理先氣後가 옳지 않거나 또는 무익한 것임을 입증한 내용이 소개되어야 한다. 그러나 이항의 이기론 속에는 그런 내용을 찾기 어렵다. 따라서 이와 기가 '혼연일물'이라는 이항의 주장은 가치 존재와 도덕성 구현의 존재론적 근거 마련 차원에서 제기된 가설적 성격의 명제들을 당연한 것으로 받아들인 뒤 이기무선후의 현상론에 치중한 결과라고 말할 수 있다. 위에 제시한 이항의 글 속에서 논증 하나를 찾아 정리하면 다음과 같다.

    태극(이)과 양의(기)가 서로 떨어져 각각 따로 존재하는 때가 있다면, 사물은 존립할 수 없다. (그러나 확실한 사실은 사물은 분명 존재하고 또 누구나 그것이 존재함을 알 수 있다는 점이다.) 그러므로 태극(이)과 양의(기)는 항상 매 사물에 융합 공존한다.

위의 논증의 두 번째 전제는 보충해 넣은 것이다. 사물이 존재한다는 것을 감각으로 느껴 알 수 있다는 전제가 보충된다면, 태극(이)과 음양(기)이 혼연일물이라는 결론은 그로부터 타당하게 이끌어낸 것이라 볼 수 있다. '사물은 존재한다'라는 사실로부터 '이와 기는 항상 함께 존재한다'라고 추론한 것이다. 이때 '사물은 존재한다' 또는 '존재함을 알 수 있다'라는 주장은 상식에 부합하는 것이어서 전제로 받아들일만한 것이다. 첫 번째 전제도 마찬가지다. 그러나 이 전제들에 대해 좀 더 언급할 필요가 있는 것은 '사물이 있다'는 말 속의 '사물'이란 감각적 사물이고, '알 수 있다'라는 판단은 감각과 지각능력에 의한 것이라는 점이다. 이것은 이와 기가 사물에 융합·공존해 있다는 것을 '아는 것'과는 다르다. 후자는 도道를 아는 자에게 한정된 것이지만 전자는 감각과 지각능력을 가진 존재라면 누구에게나 파악될 수 있는 것이다. 이항은 기대승에게 보낸 편지 말미에서 비난에 가까운 발언을 했다. 도를 안다면 이와 기가 항상 매 사물 속에 구별 없이 공존해 있음을 알 텐데, 이를 모르는 사람들이 있다는 것이다. 여기서 '도를 모르고 있는 사람'이란 구체적으로 누구를 지칭하는지 분명하지는 않다. 문제는 이와 기가 혼연일물渾然一物임을 아는 것은 도를 아는 사람에게 한정된 일이지 감각과 지각능력을 발휘해서 알 수 있는 것은 아니라는 것이다. 그러므로 '일물'이라는 표현을 이와 기를 동일시했다고 오해하거나 또는 동일한 사물 개념으로 이해하는 것은 잘못이다. '일물一物'의 '물物'은 태극도 아니고 음양도 아니며, 이도 아니고 기도 아니다. '물物'은 태극과 음양 이와 기가 더부살이를 하는 한 덩어리의 감각적 사물이다. 이 감각적 사물을 도의 경지에서 볼 때, 그것은 이와 기 덩어리임을 알게 된다는 것이다. 그리고 덩어리져 있으니 이와 기는 한 몸 한 물건이라는 것이다.

정자는 다음과 같이 말했습니다. "많이 알려고 하는 것은 사물을 완상하는데 정신이 팔려 본뜻을 잃어버리는 일과 같다." 그러므로 많은 책을 읽으려하기 보다는 경의 상태에서 이치를 탐구하고 묵묵히 숙고하여 자득해야 합니다. 본성 함양공부를 오래하다 보면, 이와 기가 상이한 두 가지 꼴을 각각 갖는 것처럼 생각되더라도 사실은 매 사물의 몸뚱이에 구별 없이 원만하게 공존해 있음을 자연스레 깨닫게 됩니다.[11]

어떻게 해야 이와 기가 매 사물에 한 덩어리로 존재함을 알 수 있는가? 이항은 본성 함양공부를 강조했다. 그리고 본성을 함양하려면 경敬의 상태에서 이치를 탐구하고 묵묵히 숙고하여 자득해야 한다고 말한다. 사물에 정신이 팔려 본뜻을 잃어버리는 것은 본성 함양에 도움이 되지 않는다는 것이다. 논증 형식으로 정리하면 다음과 같다. "본성 함양공부를 오래 하면, 이와 기가 매 사물에 구별 없이 원만하게 공존해 있음을 깨닫게 된다. 본성을 함양하려면, 경의 상태에서 이치를 탐구하고 묵묵히 숙고하여 자득해야 한다. 그러므로 경의 상태에서 이치를 탐구

---

11 『一齋先生集』書 贈奇正字大升書, "程子曰 博識是玩物喪志 須姑舍博覽群書 而居敬窮理 默思自得 而尊性涵養之功久 則理氣雖似二樣 而渾然一物之體 自然見得矣."

하고 묵묵히 숙고하여 자득하게 되면, 이와 기가 매 사물의 몸뚱이에 구별 없이 원만하게 공존해 있음을 깨닫게 된다." '일물'은 '일체'로부터 이끌어낸 결론이다. 이항의 주장대로라면, '일물임'을 아는 일은 쉽지 않다. '상리즉무물相離則無物'이라는 말을 잘 이해해야 한다. 이항의 일물 논증을 다시 정리하면 다음과 같다. 이와 기가 따로 떨어져 존재할 수 있는 것이라면, 사물은 존립할 수 없다. 사물은 눈으로 보면 누구나 알 수 있듯이 그렇게 분명 존재한다. 그러므로 이와 기는 따로 떨어져 있을 수 없다. 따라서 이와 기는 일물一物이다.

하늘과 사람은 이치로써 하나입니다. 지각·운동·강약·청탁의 기가 사람의 몸에 가득 차 있음은 음양의 기와 같고, 인의예지 등이 기 속에 갖추어져 있음은 태극의 이와 같습니다. 이처럼 이와 기는 한 몸뚱이 안에 공존해 있을 수밖에 없는데 어떻게 '이물二物'라고 말할 수 있겠습니까? 한 몸인지 두 개의 몸인지는 오랜 경험을 통해 깨달아야 하는 것입니다. 그대는 일찍이 다음과 같이 말했지요. "형이상자는 도고 형이하자는 기입니다. 그러므로 태극과 음양을 한 몸이라고 말해서는 안 됩니다." 물론 도와 기는 형이상과 형이하로 구분되지만 태극과 양의는 형이상과 형이하, 또는 순수함과 그렇지 못함으로 구별됨 없이 융합되어 한 몸을 이루는 것입니다. 담재(김인후)도 도와 기를 형이상과 형이하로 구분하는 입장에 얽매여 태극과 음양을 '두 가지 존재'로 여기고 있으니, 탄식할 노릇입니다.[12]

---

12 『一齋先生集』書 贈奇正字大升書, "且夫天人一理 如人之知覺運動强弱淸獨之氣充滿乎一身者 陰陽之氣也 又仁義禮智之類具在乎氣之中者 太極之理也 然則理與氣當在一身之內

하늘과 사람은 이치로써 하나임을 전제한 뒤 음양의 기와 태극의 이가 일체이므로(天) 인의예지의 성(理)은 항상 지각·운동·강약·청탁(氣) 속에 존재함으로써 양자는 한 덩어리 한 몸으로 존재한다(人)는 결론을 이끌어내고 있다. 천인합일 사상에 입각해 볼 때, 첫 번째 전제는 받아들일 만한 것이라 말할 수 있다. 세계와 존재에 대한 이기이원론적 설명방식에 입각해 볼 때, 두 번째 전제도 받아들일 만하다. '일물一物이다'라는 결론은 일체로 존재한다는 전제로부터 도출된 것이다. 인간에 대한 존재론적 설명에 한정해 볼 때, 인간을 인의예지의 성과 지각운동 등의 기로 분리되어 있을 수 없는 관계(일체)로 보는 것은 타당하다. 여기서 한 걸음 더 나아가 이항은 이와 기가 '일물'임을 주장한다. 논증 형식으로 추려 정리하면 다음과 같다.

한 몸뚱이 안에 공존해 있다면, '이물二物'이라고 말할 수 없다. 지각·운동·강약·청탁(氣)과 인의예지의 성(理)은 사람의 몸에 공존해 있다. 그러므로 지각·운동·강약·청탁과 인의예지의 성도 '이물二物'이라고 말해서는 안 된다. 따라서 이와 기는 한 물건一物이다.

'일체이다'와 '일물이다'의 주어는 모두 이와 기다. 그러나 이항은 술어에 초점을 맞추고 있다. 이와 기는 일체이므로 일물이라는 것이다. 이와 기는 한 덩어리 한 몸으로 존재하기 때문에

是可謂二物耶 爲一體耶 爲二體耶 更精體認可也 君抑嘗謂余曰 形而上者爲道 形而下者爲器 然則太極陰陽 不可謂一體也 蓋道器雖有上下之分 然其太極兩儀 上下精粗 圓融無際而爲一體者也 湛齋亦狃而以道器之上下爲二物 可歎."

이는 '항상' 물질과 공간에 의존한다. 그러나 이렇게 되면, 기운보다 이치에 우선성을 부여하고자 하는 측면이 무시될 수밖에 없다. 이치의 의존성을 노골적으로 주장하여 기운의 독립적 작용성을 부각시킨 것으로 오해받을 수 있다. 이치의 절대성을 강조하는 성리학자들의 눈에 이항의 일체일물설은 다소 위험스러운 것으로 비쳐진 까닭도 바로 이것이다. 그러나 이항이 채택한 관점에서 이해해보려 한다면, 이항의 일체일물설 자체에 논리적 모순이 있거나 또는 일관성이 결여되어 있다고 말할 수는 없다.

4. 맺음말

살펴본 바와 같이, 이항의 이기론의 기초 개념은 '일체'와 '일물'이다. 이와 기의 관계를 일체와 일물이라 한 주장은 또 이기론을 전개하는 데에 있어서 근본 전제이자 출발점이다. '일체'와 '일물' 속의 '일一'은 융합·공존을 지칭한다. '체體'는 한 몸 한 덩어리로 존재함을 뜻한다. '물物'은 감각적 사물 개념이다. '체'와 '물'이라는 표현은 감각적 사물이 추상적 개념보다 더 중시되어야하는 실재임을 강조하고 있다. 이항의 '일체일물'은 만물의 이체 차원에서 이와 기의 일이이一而二와 이이일二而一을 논한 것이다. 음양과 한데 모아진 차원에 치중해서 감각적 사물로부터 태극(이)만 가려내 설명할 수 있다 하더라도 어디까지나 논변의 출발점은 이와 기 덩어리(감각적 사물)여야 한다는 점을 이항은 강조하고 있다. 이항의 '일체일물설'은 형이상학적 사유와 논변을 지양하고 이와 기 덩어리인 물物을 체험해야 한다는 의미가 함축되어 있다. 감각적 사물의 본질을 체험적으로 깨달아야 한다는 것을 강조한 것이다. 이항의 일체일물 논증은 후자와 같은 입장을 옹호하거나 또는 입증하기 위한 것이다.

일체 논증과 일물 논증을 연결시켜 볼 때, 이항의 이기론은 다음과 같이 요약 정리될 수 있다. 눈으로 보는 것은 모두 이와 기 덩어리다. 그러므로 이와 기는 한 몸 한 물건이다. 이와 기가 한 덩어리─體─임을 볼 수 있으므로 이와 기가 한 물건─物─임을 알 수 있다.

구체적인 현실과 감각적 사물 차원으로 논의의 폭을 좁힌 이기론이 갖는 의의와 한계는 무엇인가? 이항은 불리의 차원에 치중하면서 부잡 차원에서 논의되는 이기관계론이 갖는 문제점을 해결하려 했다. 항상 기운의 작용까지 고려하자는 것, 그리고 그 작용과 운동 속에서 이치와 도리를 인지하고 실천하는 문제에 관심을 집중했다고 말할 수 있다. 그러나 이론으로서의 한계도 분명 존재한다. 주자가 제시한 가설적 성격의 명제들은 가치존재의 근거를 마련함으로써 도덕성 구현의 존재론적 기반을 세우기 위한 것이었는데, 이항은 이 과정을 생략하고 이기무선후의 현상론에 치중함으로써 도덕의 보편성을 이론적으로 확립하기는 어려워졌다. 이 두 가지가 이항의 이기론이 지니는 의의이자 한계다.

논평

「일재—齋 이항李恒의 '일체일물—體—物' 논증 분석」을 읽고

이형성 ∥ 서강대학교 강사

김범수 선생(이하 필자)이 발표한 「일재 이항의 일체일물 논증 분석」은 기존 연구를 꼼꼼하게 정리하고 분석하면서 주희의 리기론을 설명하여 일재 이항 리기론의 특징을 드러내고자 하였다. 이에 대해, 몇 가지 질문을 드리고자 한다.

첫째, 제목에서 '오해'라는 단어를 사용하였는데, 어떠한 이유인지요?

둘째, 「유명종의 평가」에서 "리의 실체화를 부정하고 내재화하여 우주의 생성을 기활동의 결과라 함으로써 리기일체론에 도달하였다"는 내용에 대하여 필자는 "기 일원론?"으로 표현하였다. 그렇다면 이항을 기일원론으로 보려고 한 것인지요?

셋째, 필자는 주자의 "정결공활淨潔空闊"을 가설적 성격으로 보았다. 이는 주자가 리를 정언명제로 본 것이고 철학적으로 설명하면 '초월성'을 의미한다. 필자가 그 아래에서 "내재"라는 말을 언급하였으니 '가설적 성격'을 '초월'로 바꾸는 것이 어떠한지요?

넷째, 「정병련의 분석」에서 필자는 "일재는 논리적 모순을 사실적 경험에 의해 절충하는데 성공했는가?"라고 반문하고 있다.

이항은 부리不離와 부잡不雜의 측면에서 '절충折衷'이란 용어를 언급한 적이 있다. 필자가 이렇게 반문한 이면에는 절충에 성공하지 못했다는 뉘앙스가 있다. 이에 대한 생각을 구체적으로 들을 수 있는지요?

다섯째, 「일재 리기론의 특징」에서 필자는 이항의 원문 "양의지미생이생兩儀之未生已生, 원부리호태극야元不離乎太極也" 부분에 대하여 "생생한 감각적 현실에 치중"이라고 언표하였다. 양의兩儀인 음양陰陽(기)이 '이생已生'한 차원이라면 '생생한 감각적 현실에 치중'했다고 할 수 있겠지만, '미생未生'의 차원에서는 필자와 같은 언표는 고려되어야 할 것이다. 필자의 생각은 어떠한지요?

여섯째, 주희는 비은費隱을 '체體와 용用' 그리고 '도道'로 설명하려고 하였지, 형이상하로 구분하여 설명하려고 하지는 않았다. 이항은 '비'와 '은'을 '일체'라고만 언표한 듯하다. 필자가 "감각적 현실 속에 실제적으로 존재하는 경험적 대상에 관심을 갖자!"라는 식으로 이해하면, 주희가 '도'에 두고 '비은'을 말한 것과는 상당히 거리가 있을 뿐만 아니라 주자학에서 벗어나는 느낌이다. 그렇다면 그 '일체'라는 말은 구체적으로 무엇을 염두에 두고 한 말인지 많은 고민이 필요할 듯하다.

일곱째, 오항녕은 이항을 기대승과 이이에 비교하면서 '이기일원론적 입장에 가까운 것'이라고 하였다. 이에 필자는 "리가 기로 환원되고 기가 리로 환원?" "리와 기보다 더 근원적인 존재가 있는가?"라고 하였다. 필자가 말하는 '환원'과 '더 근원적 존재'라는 의미는 무엇을 두고 한 말인지요?

여덟째, 주희를 비롯한 조선의 성리학자들은 리와 기의 관계

설정을 할 때 일물一物과 이물二物, 일체一體와 이체二體 등으로 언급하고 있다. 이항은 체인體認을 강조하며 '일물'과 '일체'의 방향으로 나아감을 적은 분량의 언설로 피력하였다. 필자는 이에 대해 맺음에서 다섯 가지로 요약하고 있다. 그 가운데 "일재의 리기론은 거대담론이 아니다"는 말은 그저 사물에 대한 '체인'만을 강조하여 일반 도덕론으로 나아간 경향인지요? 아니면 16세기 철학적 논쟁이었던 사단칠정론四端七情論을 염두에 두고 한 말인지요?

이상 두서없는 질문에 현답賢答을 구하고, 학술대회 이후 지면으로 필자의 옥고玉稿를 기대하면서 노고에 진심으로 치하를 드립니다.

찾아보기

■가

『간재선생문집』 108
간재의 문인들 106, 108
감각대상 124
감각적 사물 124, 125, 128~130, 133~136, 139
강일순姜一淳 13, 14, 20, 34
『건재집健齋集』 23
경약儆約 58, 60, 75
고암서원考巖書院 92, 100
곤지기困知記 66
「관동별곡關東別曲」 18
「관서별곡關西別曲」 18, 30
권순명權純命 107, 109, 111
금난수琴蘭秀 44
기器 26, 55
기대승奇大升 21, 23, 39, 43, 46~52, 54, 55, 57~60, 65, 69~72, 74, 75, 80, 90, 91, 95, 98, 100, 105, 131, 132, 135, 142
「기명언 대승에게 줌與奇明彦大升」 24

김복억金福億 103~107, 111
김승적金承績 103~106, 111
김인후金麟厚 18, 21, 30, 39, 43, 51, 67, 70, 74, 80, 87, 90, 91, 95, 100, 105, 131, 137
김점金坫 103~106, 111
김창협金昌協 39, 43, 44
김창흡 110
김천일金千鎰 21, 80, 87~89, 94, 95, 97, 104, 106
김취려金就礪 62
김택술金澤述 107~109, 111

■나

나흠순 66~69, 72
남고서원南皐書院 79, 81, 82, 89, 91~94, 97, 98, 101~104, 106~111, 113, 114
『남고서원지南皐書院誌』 81, 101, 104, 107~109
남언경南彦經 46, 57, 64

남학가사南學歌辭　18, 19
남학사상南學思想　19, 20
노수신盧守愼　67, 68, 74, 80, 87, 90

■다
「답시논태극서答示論太極書」　54
덩어리　121, 123~125, 128~130, 132, 133, 136, 138~140
도道　26, 41, 47, 55, 86, 131, 135, 142
동방오현　98
동학가사東學歌辭　18, 19
동학사상東學思想　18~20, 34

■라
리기논변理氣論辯　46, 74, 75
「리기설理氣說」　48
리기일체理氣一體　62

■마
「면앙정가俛仰亭歌」　18
무교사상巫敎思想　13, 15, 19, 23, 27, 29, 34
무극無極　27
문경공文敬公　96, 98~100
문장재도론文章載道論　38
물아物我　27
물아일체物我一體　28~33, 37
물아일체物我一體 사상　27~29, 38
물아일체설物我一體說　34

물체物體　26, 27

■바
박세채朴世采　79, 82, 84, 86, 91, 92, 110, 114
백광홍白光弘　18, 21, 30
불우헌不憂軒　17, 18, 21, 28, 29, 34
「비리기위일물변증非理氣爲一物辯證」　68
비費와 은隱　121~125
비은설費隱說　64, 75
비판　51, 53, 55~64, 66~69, 71, 72, 75, 120, 129, 130, 132

■사
사면수풍四面受風　43
「사미인곡思美人曲」　18
사액　81, 88~91, 93, 110, 111, 113
상리즉무물相離則無物　137
「상춘곡賞春曲」　16~18, 28, 29
서인 노론계　110, 114, 115
성리설性理說　39, 40, 43, 51, 58, 72
「성산별곡星山別曲」　18
소도蘇塗　14
「속미인곡續美人曲」　18
송순宋純　18, 21, 29, 34
송시열宋時烈　41, 42, 43, 82, 84, 86, 89, 92, 100, 110, 114

시묘살이 106
실질론적 실체론 35
심선동心先動 61, 62, 64, 75
심성일체心性一體 62

■ 아

양의兩儀 26, 27, 47, 133, 134, 137, 142
위서魏書 동이전東夷傳 14
유불선儒佛仙 27
유상곡수流觴曲水 16
윤증尹拯 42, 84, 86, 92, 110, 114
은미한 본체 124, 125
음양陰陽 26, 27, 47, 55, 122, 131~135, 137~139, 142
의리 110
이기理氣 26, 27
「이기설理氣說」 25, 28
이기이원론理氣二元論 22
이기일물설理氣一物說 13, 18, 19, 23, 28, 29, 33~35, 37, 38, 80, 90
이기호발설理氣互發說 23
이성익李星益 82~84, 86, 91, 93, 110
이항李恒 13, 14, 18, 21, 23, 27~30, 33~35, 37~39, 51, 74~76, 79, 80~83, 86~98, 100, 101, 103~106, 108~111, 113~115, 119~130, 132~135, 137~143
이황 51~60, 62~72, 74~76, 80, 81, 90, 100, 110

인내천人乃天 13, 19, 34
인심도심체용설人心道心體用說 66~68, 75
일물一物 26, 48, 50, 51, 57, 68, 75, 76, 119~121, 124, 128, 130, 135, 137~139, 143
일이이이이일一而二二而一 126, 128, 129
일재이선생유허지비一齋李先生遺墟之碑 92
『일재집一齋集』 79, 81, 82, 84, 86, 91, 93, 110
일체一體 24, 25, 27, 51, 61, 119~125, 128, 129, 137~139, 142, 143
일체일물一體一物 119

■ 자

자아我 27, 32
「절로가」 18
정극인丁克仁 18, 21, 28, 29, 34
정발이동기감설情發理動氣感說 23
정원용 110
「정읍사井邑詞」 15
정철鄭澈 18, 21, 31, 34, 100, 105
조식曺植 43~46, 53, 80, 81, 90, 106, 110
조정 92, 99, 114
존재 138~140, 142
중건사업 111
증기정자서贈奇正字書 47, 52

찾아보기 147

증시贈諡   93~97, 111, 113
진정미盡精微   70, 71

■ 차
천군天君   14
천리踐履   70
천지인天地人   27
천지인합일天地人合一   19
천지인합일天地人合一 사상   27
「청산별곡青山別曲」   17
체인體認   70, 143
최시형崔時亨   13, 14, 34
최재우崔濟愚   13, 14, 34
최치원崔致遠   16, 17, 23, 27, 34

■ 타
타자物   27
태극太極   26, 27, 46~48, 52
「태극도설太極圖說」   46, 55, 80
태극설太極說   90
태인문화권   22
퇴고논변退高論辨   46

■ 파
평가   41
표현/재현presentaion/representeion   35
풍류도風流道   16, 23
풍류사상風流思想   15~19, 34
필암서원   90

■ 하
한 몸 한 물건   130, 133, 136, 140
해원解冤·상생相生·대동大同   13, 20, 34
향아위설向我位說   13, 34
허무주의   17
허엽許曄   46, 61, 65
현상론   127, 134, 140
현상세계   127
호남 유림   110, 113~115
호남오현湖南五賢   93, 98, 100, 101, 111, 113, 114
혼연일물渾然一物   48, 50, 57, 58, 134, 135
훈몽재訓蒙齋   22, 23
훈요십조訓要十條   16